Horst Krekeler   Bonsai-Praxis

Pinus pentaphylla
Mädchenkiefer
ca. 45 Jahre ▶

Horst Krekeler

Bonsai-Praxis

Zweite, überarbeitete Auflage 1982

Mit 211 Abbildungen,
davon 75 teils ganzseitigen Farbbildern,
und 12 Radierungen auf Tafeln
von Dieter Framke

Verlag Paul Parey Berlin · Hamburg

CIP-Kurztitelaufnahme der Deutschen Bibliothek

Krekeler, Horst:
Bonsai-Praxis/Horst Krekeler. – 2., überarb.
Aufl. – Berlin; Hamburg: Parey, 1982.

ISBN 3 – 489 – 61224 – 8

Einband: C. Rieger, D-6900 Heidelberg,
unter Verwendung eines Fotos von Wiegand.

© 1982 Verlag Paul Parey, Berlin und Hamburg
Anschriften: Lindenstr. 44–47, D-1000 Berlin 61;
Spitalerstr. 12, D-2000 Hamburg 1

Gesetzt aus der Korpus Times Roman
Layout: Horst Krekeler
Satz und Druck: Multi GmbH,
D-6904 Eppelheim

Fotos: Wiegand, Schwaab, Bonsai-Centrum
Heidelberg, Wiel, Trampota. – Alle gezeigten
Bonsais befinden sich im Besitz des
Bonsai-Zentrums Heidelberg.
Lithographie: Multi GmbH, D-6904 Eppelheim
Bindung: Lüderitz und Bauer Buchgewerbe GmbH,
D-1000 Berlin 61

ISBN 3-489-61224-8 · Printed in Germany

Vorwort zur zweiten Auflage

Mit diesem Buch halten Sie, werter Bonsai-freund, etwas in der Hand, was von den bisher erschienenen Werken in einigen wesentlichen Punkten abweicht. Selbstverständlich werden die Fakten immer die gleichen sein, doch durch meine berufliche Tätigkeit im Bonsai-Centrum Heidelberg und durch die Mitarbeit im Bonsai-Club Heidelberg, zu dessen Gründungsmitgliedern ich gehöre, werde ich tagtäglich mit tausend Fragen überschüttet. Ich faßte den Plan, alle Antworten in schriftlicher Form festzuhalten. Im Verlauf der Arbeiten bemerkte ich jedoch, daß ich mit der Beantwortung von Einzelfragen nicht weit kam, sondern, daß es vielmehr die vollkommene Unkenntnis des Materials „Pflanze" ist, die die Bonsailiebhaber oft so unsicher und hilflos macht. Hinzu kommt noch, daß Bonsai in vielen Presseberichten als ausschließlich fernöstliche Kunst dargestellt wurde, was weiterhin dazu führte, den Bonsai als Prestigebaum zu betrachten. Diese Betrachtungsweise ist aber gerade das, was der Idee „Bonsai" genau entgegenläuft.

In diesem meinem Buch habe ich versucht, Sie über die Pflanze in der freien Natur zu eben dieser Pflanze in gestalteter Form in der Schale als Bonsai hinzuführen. Ich habe versucht, Ihnen in verständlicher Weise - nicht unbedingt mit wissenschaftlicher Präzision - die Vorgänge innerhalb der Pflanze klarzumachen, um Sie in die Lage zu versetzen, in verschiedenen Situationen aus der Kenntnis der Dinge heraus, richtig zu entscheiden und zu handeln.

Durch den überraschenden Erfolg des Buches sah ich mich gezwungen, schon jetzt eine Zweitauflage zu drucken. Wegen der Kürze der Zeit war es mir leider nicht möglich, alle Anregungen meiner Leser, die an mich herangetragen wurden, schon hier zu verwirklichen. Trotzdem würde ich mich auch weiterhin über Ihre Anregungen freuen, damit dieses Buch mit Ihrer Hilfe zu einem echten, verständlichen und praxisnahen Standardwerk für Bonsai-Freunde wird. Bei diesem Unterfangen habe ich auch die Unterstützung des Verlages Paul Parey.

Ich möchte mich bei all denen bedanken, die mich bei meiner Arbeit unterstützt haben. Den Teilnehmern der Kurse und Seminare und den Mitgliedern des europäischen Bonsai-Clubs Heidelberg, die mich durch ihre Fragen und durch ihre Anregungen erst in die Lage versetzt haben, auf die wirklichen Probleme einzugehen. Auch möchte ich mich bedanken bei Herrn Professor Sachio Kawakami, Tokio, für sein Grußwort zu diesem Buch, das meiner Meinung nach nicht nur für Japan und die Japaner Gültigkeit hat, sondern auch für uns, denn der Baum hat auch bei uns in der Literatur und in der Malerei von jeher einen hohen Symbolwert.

Im Frühjahr 1982   Horst Krekeler

Inhalt

	Grußwort	7
1	Der Bonsai und sein ideeller Wert	9
2	Stilformen – Wuchsformen	20
3	Gewinnung von Pflanzen zur Bonsai-Anzucht	45
4	Das Eintopfen	66
5	Erdmischungen	68
6	Das Umtopfen	71
7	Der Schnitt der Gehölze	80
8	Das Drahten	92
9	Alternativen zum Drahten	98
10	Die Erziehung einiger spezieller Formen	101
10.1	Besenform	101
10.2	Streng aufrechte Form (Chokkan)	103
10.3	Der Moyogi	104
10.4	Der gespaltene oder zerrissene Stamm	106
10.5	Gedrehter Stamm und Treibholzform	108
10.6	Kaskade und Halbkaskade	110
10.7	Die Floßform	111
10.8	Die windgepeitschte Form	113
10.9	Netsuranari	114
10.10	Yose-Ue – Die Waldform	115
10.11	Sekijoju – „Wurzel über Stein"-Form	123
10.12	Ishitsuki-Form	129
10.13	Saikei	132
11	Zimmerbonsai oder Indoor-Bonsai	134
12	Düngung	134
13	Überwinterung	139
14	Präsentation der Bonsai	142
15	Dokumentation	144
16	Pflegetabellen	146
17	Was ist zu tun, wenn …?	161
18	Das Sortiment an Bonsai-Schalen	164
19	Werkzeuge und Zubehör	165
20	Bonsai-Fachhandel	166
21	Internationale Bonsai-Clubs	167
22	Sachregister	168

Grußwort

一　ドイツ人の盆栽の本に寄せて

盆栽は日本人の心とあります。西欧の方が
一見して、ひとによっては樹木をためつい
じくっては感じますが、決してそうした盆栽で
鉢におさめて大自然宇宙に不滅の生を
まのあたりに見させてくれるものと思い
感じたとき、はじめて盆栽の本当の魅力に
浸ることとなりましょう。

一九○○年五月十日

いし　かわ（花押）

Zur Herausgabe des Bonsai-Buches:
Im Bonsai steckt die Seele der Japaner.

Für Europäer könnte diese Kunstrichtung
im ersten Augenblick den Eindruck erwecken,
daß die natürlich wachsenden Bäume
mißhandelt und verkrüppelt würden.
Jedoch muß ein solches Mißverständnis
nicht unbedingt bestehen bleiben.

Ich bin überzeugt davon:
Der wahre Reiz des Bonsai wird sicher entdeckt,
wenn man mit dem Gedanken
in Berührung kommt, daß der Baum
in der begrenzenden Schale
widerspiegelt die Unvergänglichkeit des Lebens
in der großen Natur und dem Universum.

Sachio Kawakami
Botanic Gardens
Faculty of Science
University of Tokyo

1 Der Bonsai und sein ideeller Wert
Bonsai – eine Philosophie

Bonsai – es scheint, als sei das der neue Geheimtip für Snobs, die auf der Suche nach einem neuen Clou sind. Allein das Wort klingt schon irgendwie fremdartig – irgendwie neu, durch den reinen Klang. Es weckt auf eine unbestimmte Art und Weise unsere Aufmerksamkeit und Neugier. Was ist das, dieser oder diese Bonsai? Ich möchte im nachfolgenden Text versuchen, diesem Wort alles Fremde, Undefinierbare und Mystische zu nehmen; mit anderen Worten, ich möchte den Schleier, der diese ganze Sache umgibt, ein wenig zerreißen, so daß diese für uns neue Art, Bäume und Pflanzen in Töpfen und Schalen zu ziehen und zu gestalten, möglichst vielen Liebhabern und Freunden zugänglich und vertraut wird.

Der Begriff Bonsai entstammt dem Japanischen, und er besagt im Grunde nichts anderes, als Baum oder Pflanze im Topf oder Schale. Nach unserem Sprachgebrauch würde man jetzt vielleicht versucht sein zu sagen: „Nun gut – Pflanze im Topf – das ist doch das Gleiche, wie Topfpflanze. Topfpflanzen haben wir doch zu Millionen in unseren Wohnungen stehen, in einer Vielfalt von Sorten und Arten. Warum macht man jetzt in letzter Zeit einen solchen Wirbel um diese Bonsai? Was ist da der Unterschied? Gibt es überhaupt einen solchen, oder ist das alles nur Geschäftemacherei?" Diese Fragen werden mir fast täglich im Umgang mit Kunden, Liebhabern und flüchtigen Interessenten gestellt und die Beantwortung dieser Fragen artet fast immer in eine Diskussion aus.

Auf den nachfolgenden Seiten möchte ich versuchen, etwas Ordnung in diese vielen unklaren Vorstellungen zu bringen, die da etwa lauten: „Bonsai – das ist etwas ganz Besonderes, das sind ganz kleine Bäume, die uralt sind (unter 100 Jahren tut man's kaum noch) und nie mehr wachsen, die sehr, sehr teuer sind und vieles andere Bla-Bla mehr."

Ich würde sagen, kehren wir noch einmal zum Ausgangspunkt zurück: Bonsai – Pflanze im Topf = Topfpflanzen? Ohne es zunächst näher zu begründen, möchte ich gleich an dieser Stelle sagen: Ein Bonsai ist keine Topfpflanze im landläufigen Sinne, wie zum Beispiel Alpenveilchen oder Begonien oder ähnliche Pflanzen. Ein Bonsai ist in der Regel eine Freilandpflanze. Das ergibt sich schon daraus, daß Bonsai meistens baumartige oder verholzte Pflanzen sind, die aus der freien Natur kommen. So sind zum Beispiel die typischsten Arten für Bonsai die Kiefern, Wacholder, Ahorne und die Kirschen und

Äpfel. Dies ist jedoch nur eine winzige Auswahl aus der riesigen Palette der Sorten, Arten und Spielarten, die man zum Bonsai machen kann.

Wenn ich sage: „Zum Bonsai machen", dann hört sich das für den unbefangenen Zuhörer vielleicht eigenartig an. Diese Ausdrucksweise sagt aber noch mehr aus, denn sie räumt gleichzeitig den Aberglauben beiseite, die Bonsai seien ganz besondere Züchtungen oder Kreuzungen. Die meisten Menschen wissen gar nicht, daß man fast alle Baum- oder Straucharten als Bonsai erziehen kann. Ich benutze hier absichtlich das Wort „erziehen", weil dadurch schon anklingt, daß hier etwas gestaltet oder umgestaltet wird. Wie oft höre ich die Leute ganz erstaunt fragen: „Ja, gibt es denn auch Laubbäume als Bonsai? Ich dachte, das sind nur Kiefern und Wacholder". Diese Leute sind dann ganz erstaunt, wenn sie hören, daß sie fast alles was in unseren heimischen Wäldern und Gärten an Bäumen und Sträuchern wächst, zum Bonsai erziehen können. Es mag jetzt manchem Leser etwas banal erscheinen, was bisher gesagt worden ist, aber mir kam es zunächst einmal darauf an, klar zu machen, daß diese Zwergbäume vom Pflanzenmaterial her etwas ganz Normales und Natürliches sind. Wenn dem aber so ist, wo ist dann das Besondere? Woher kommt dann aber diese Faszination, die ich bei so vielen Liebhabern beobachtet habe? Ich habe viele Menschen erlebt, die nach den ersten zögernden Begegnungen mit diesen – wie oben gesagt – so natürlichen Bäumen – zu fast fanatischen

Sammlern geworden sind. Wenn nun aber nicht das Pflanzenmaterial diese Faszination ausüben kann, dann muß es etwas anderes sein, das in der Folge zu ergründen ist.

Mit wenigen Worten ist dieser angesprochene Komplex wohl kaum aufzuarbeiten. Ich möchte daher weit zurückgreifen in die Entstehungsgeschichte der Bonsaikultur, denn das gehört meiner Meinung nach einfach zum Verständnis der Bonsai dazu.

Die erste sichere Erwähnung finden die Bonsai etwa im 10. Jahrhundert in chinesischen Zeichnungen und Schriften. In dieser Zeit war das Züchten von Bäumen im Topf eine Spielerei der Fürsten. Später kam dann dieses Fürstenhobby auch nach Japan und erlebte hier seine eigentliche Blüte. Es blieb aber in der Folgezeit nicht nur ein Hobby der Wohlhabenden, sondern es breitete sich auch im Volke aus. Für uns ist das vielleicht nicht verständlich, daß in dieser Zeit, in der der einfache Mann aus dem Volke genug damit zu tun hatte, schlicht und einfach zu überleben, sich damit abgab, Bäume in Töpfe zu pflanzen und sie dann auch noch zu pflegen. Das wäre auch wohl kaum zu glauben. Es muß also noch mehr dahinterstehen. Und in der Tat steht noch etwas ganz Entscheidendes dahinter: Die Religion, der Zen-Buddhismus – oder besser gesagt, die Grundeinstellung zum Leben, die aus dem Zen-Buddhismus resultiert. Die Jünger des Zen suchen den höchsten Grad der Harmonie zwischen Mensch und Natur zu erreichen. Dieses Streben nach Harmonie in allen Lebensbereichen – bedingt durch die Religion – dieses Streben erklärt auch die unheimliche Geduld und die Hingabe mit der diese Zwergbäume nun gehegt und gepflegt wurden. Es erklärt aber auch gleichzeitig die Formgebung und Gestaltung dieser Bäume. Sie werden bei den guten Bonsai niemals irgendwelche Phantasieformen finden, wie wir sie in Europa aus unseren Barockgärten kennen. Der Bonsai ist – wenn ich das einmal etwas unbeholfen ausdrücken darf – die gestaltete Natur in komprimierter, überspitzter Form, oder wie es einmal ein jap. Bonsaimeister sinngemäß sagte: Ein guter Bonsai sollte natürlicher sein als die Natur selber. Das ist ein hoher Anspruch an den Gestaltenden.

So beobachtete ich unlängst einen Mann, der geraume Zeit vor einem Buchenwäldchen verweilte. Als ich ihn dann ansprach und ihn aus seiner Versunkenheit herausriß, merkte ich, daß dieser Mann erst seine Gedanken wieder sammeln mußte, die anscheinend ganz woanders gewesen waren. Ich fragte ihn dann im Laufe der kurzen Unterhaltung, was ihn denn so fasziniert habe; doch er konnte sich zunächst nicht recht erklären, dann aber drückte er genau das aus, was ich empfunden hatte, als ich diesen Buchenwald gepflanzt habe. „Wissen Sie", sagte er, „ich habe fast den Sturm in den Gipfeln der Bäume brausen hören, der die Stämme und Äste alle in eine Richtung zwingt und ich habe mir vorgestellt, wie klein und armselig und verängstigt ich jetzt zwischen diesen Stämmen stehen würde". Dies war jetzt nur eine von unzähligen Äußerun-

gen, die einmal mehr zeigen, daß dieser Bonsai mehr sein muß, als nur eine Topfpflanze in unserem Sinne. Dieser Mann hat, ohne es zu ahnen, nachempfinden können, was ein anderer bei der Gestaltung dieser Buchengruppe empfunden hat.

Mit dieser Feststellung rücken wir den Bonsai aber auch in die Nähe der gestaltenden Kunst. Das klingt vielleicht zunächst sehr anspruchsvoll und hochtrabend, doch wenn ich einen alten, gut durchformten Bonsai betrachte, was bringt der nicht alles an gestalterischen Mitteln, was z.B. die Auswahl des Pflanzenmaterials angeht, die Proportionen, die Harmonie zwischen Pflanze und Gefäß und die ganze Stimmung, die solch eine Pflanze ausstrahlt. Ich glaube schon, daß es daher nicht übertrieben ist, wenn man einen Bonsai mit einem guten Gemälde oder einer guten Plastik vergleicht. In der Tat sollte man die Bonsai ja auch wie diese Bilder oder Plastiken präsentieren.

Jetzt müßte eigentlich der Einwand kommen: Ja, in der Kunst gelten aber ganz bestimmte Regeln, sei es in der Farbgebung und Farbkombination, in der Linienführung und in der Aufteilung des Raumes. Genau diese Regeln kennen wir auch in der Bonsaigestaltung. So ist z.B. die farbmäßige Auswahl des Gefäßes zu einer bestimmten Pflanze von großer Wichtigkeit. Eine Jap. Azalee mit ihren satten grünen Blättern und ihren zarten rosa Blüten nimmt sich sehr gut aus in einer schwarzen Schale; ein Wacholder in einer rötlich-braunen Tonschale. Ebenso wichtig oder noch wichtiger als die Kombination von Pflanze und Gefäß ist die Formung der Pflanze selbst. Hier muß jeder Schwung, jede Biegung des Stammes und der Äste in sich und zueinander ganz genau stimmen. Bei der Linienführung ist jede Kleinigkeit von Bedeutung. Was ich vorhin bei der Malerei mit der Aufteilung des Raumes angesprochen habe, finden wir auch in der Bonsaigestaltung wieder. Hier geht es z.B. darum, wie und wo ein Bonsai im Gefäß placiert wird, welchen Neigungswinkel der Stamm zum Gefäß hat, aus wie vielen Stämmen eine Gruppe besteht, wie die Stämme innerhalb einer Gruppe zueinander geordnet sind und viele andere gestalterische Aspekte mehr.

Nun könnte man fast meinen, die ganze Bonsaigestaltung bestehe aus lauter Regeln und Vorschriften. Dem ist aber nicht so. Sehr vielen Lesern wird das Ikebana ein Begriff sein. Auch hier gibt es ganz bestimmte Grundregeln, die man einfach nicht verletzen sollte. Innerhalb dieser Grundregeln gibt es jedoch soviel Freiräume für die individuelle Gestaltung, so daß diese Grenzen, innerhalb derer man sich bewegen sollte, wohl keiner als störend empfindet.

Daß diese Regeln nicht so eng gesteckt sind, wie es zunächst erscheinen mag, möchte ich an einer Begebenheit erläutern. Es war gegen Ende einer kleinen Veranstaltung, in der eine reizende Bonsaimeisterin aus Japan demonstriert hatte, wie man aus einer normalen Baumschulpflanze einen windgepeitschten Bonsai macht, wie man eine sogenannte unscheinbare Pflanze arran-

giert und viele andere Dinge mehr, die für jeden Bonsaifreund sehr wichtig sind. Nun hatten aber sehr viele Zuhörer kurzerhand ihre Lieblinge mitgebracht, um aus berufenem Munde zu hören, was zu tun sei.

Nachdem nun alle Bonsai behandelt worden waren, kam noch ganz schüchtern jemand mit einer kleinen Buche an. Man sah diesem Baum an, daß es ein Findling aus dem Wald war und kein Bonsai „Made in Japan". Jeder war natürlich gespannt, was nun kommen würde. Über die Dolmetscherin wurde nun gefragt, was die Meisterin von diesem Baum halte und ob die Form richtig sei. „Was könnte man besser machen oder verändern?" Ich sah es schon dem Gesicht der Dolmetscherin an, daß jetzt etwas kommen würde, was die meisten wohl nicht erwartet hatten. Sie übersetzte dann auch sinngemäß etwa folgendes: Der Baum ist zwar noch relativ jung, doch besitzt er schon eine sehr interessante Form. Er zeigt zwar nicht unbedingt die klassischen Merkmale, sondern er ist sehr modern gestaltet, und ich würde diese Form auch im großen und ganzen weiterhin erhalten.

Man mag das nun der sprichwörtlichen japanischen Höflichkeit zugute halten, die uns Europäer oft zur Verzweiflung bringen kann, so ist doch die Äußerung, daß die Form erhalten bleiben sollte, auch wenn sie nicht die klassischen Gestaltungsmerkmale aufweist, meiner Meinung nach sehr wichtig, denn es zeigt doch, daß man auch von berufener Seite den individuellen Stil, die persönliche Handschrift, gelten läßt. Aus diesem Grunde löste die Antwort auch eine gewisse Verblüffung unter den Zuhörern aus. War es doch bisher immer so gewesen, daß die Meinung vorgeherrscht hatte, daß ein Bonsai „Made out of Japan" einfach kein Bonsai sein könne. Man war zwar der Meinung, daß man wohl versuchen könne, etwas ähnliches zu machen, daß man aber einen echten Bonsai niemals zustandebringen würde.

Woher kommt nun dieses Gefühl der Unfähigkeit bei uns – ach so tüchtigen – Deutschen? – und nur für diese kann ich hier sprechen? Ich weiß nicht, ob ich hierfür eine Erklärung finden kann, aber ich werde mich bemühen, aus den zahlreichen Gesprächen und Begebenheiten Schlüsse zu ziehen, um die Sache etwas zu beleuchten. Ja, gerade diese deutsche Exaktheit ist es, die es vielen von uns so schwer macht, die richtige Einstellung und das richtige Gefühl für die Bonsai zu entwickeln. Dazu kommt, daß wir gewohnt sind, irgendwelche anstehenden Probleme, Schwierigkeiten oder Arbeiten forsch anzugehen, um in irgendeiner Weise einen raschen Erfolg zu sehen, sei es, um uns selbst oder anderen unsere Tüchtigkeit zu beweisen oder aus Angst, es könnten neue Schwierigkeiten sich auftürmen, bevor man die alten ausgeräumt hat.

Dieses innere Getriebensein, dieses sich ständig Behaupten müssen, diese ständige Jagd nach Erfolg, die für unsere ganze westliche Gesellschaft und im besonderen Maße für uns Deutsche – so sagen die anderen – so typisch ist;

eben diese innere Unrast ist es, die es uns so schwer macht, uns in Dinge zu vertiefen, die im besonderen Maße eine innere Ruhe und Ausgewogenheit erfordern.

So erinnere ich mich z. B. an eine Begebenheit, die das in besonderer Weise veranschaulicht. Es gibt in meinem Bekanntenkreis einen Menschen, von dem ich weiß, daß er ein Vollblut-Managertyp ist, der kaum irgendwo eine Privatsphäre besitzt, immer erreichbar, immer auf Trab, ob im Privatbereich oder im Betrieb. Als der nun zum erstenmal Bonsai sah, war seine erste Reaktion ein geringschätziges Lächeln und die Bemerkung: „Und dafür zahlen die Leute auch noch Geld? Unmöglich!" So ging das eine ganze Zeit, obwohl ich immer wieder versuchte, ihn auf die stille Schönheit dieser Bäume aufmerksam zu machen. Das ging so, ich glaube, über ein Jahr, doch alles Reden war sinnlos, denn das Gesagte drang gar nicht bis zu seinem Verständnis vor. Nun war ich eines Tages mit einem Kunden beschäftigt, und ich konnte mich nicht gleich freimachen, als unser Top-Manager zu mir kam. Ich bat ihn also, einen Moment zu warten. Das Gespräch mit dem Kunden zog sich jedoch länger hin, als ich zunächst gedacht hatte. Ich machte mich anschließend auf die Suche nach meinem Bekannten in der Erwartung, daß er jetzt gelangweilt oder verärgert sei. Ich fand ihn nirgendwo und sah zum Schluß noch in das Gewächshaus, in dem die Bonsai aufgestellt waren, und siehe da, dort saß er mitten zwischen den so belächelten „Krüppeln". Zu meinem

Erstaunen war er weder verärgert noch gelangweilt, sondern er empfing mich ganz einfach mit der Feststellung: „Gar nicht schlecht, wenn man sich die Sachen mal genauer ansieht". Er sagte es mit einer eigenartigen Betonung, die ich mir zuerst nicht erklären konnte, denn mich hatte die reine Feststellung schon genug verblüfft. Noch erstaunter war ich einige Tage später, als er plötzlich wieder auftauchte und einen Bonsai mitnahm. So ging das vier- oder fünfmal. Dann fragte ich ihn rund heraus, wozu er die Bonsai brauche und er sagte mir schlicht und einfach: „Mich hat's gepackt." Dieser Mann hat eine knappe Stunde gebraucht, in der er mit sich selbst alleine war, sei es aus Langeweile oder aus sonst einem Grunde, zu erkennen, daß diese Bäumchen doch mehr sind als nur grüne Büsche. Heute ist er ein begeisterter Sammler, der seine Bonsai täglich mit Hingabe pflegt. Wie er mir erzählte, ist die Beschäftigung mit seinen Bäumen für ihn zum täglichen Ritual geworden. Hier könne er einfach abschalten, wie er sagt, und sich von der ganzen Hektik des Tages lösen.

An diese Begebenheit möchte ich noch eine andere Feststellung anknüpfen, die mir sehr wichtig erscheint. Sie zeigt doch an und für sich auch sehr treffend, daß es eigentlich nicht genügt, diese Dinge nur anzuschauen, sondern erst der aktive Umgang mit diesen Bäumen bringt die ganze Faszination. Man fängt an, an Pflanzen zu meditieren und man kann je nach Mentalität seiner Phantasie freien Lauf lassen. Es beginnt ein Gerangel zwischen der eigenen Phantasie und zwischen der Pflanze. Es erwacht der Ehrgeiz, diese eine Pflanze so zu gestalten, wie man sie sich in seiner Phantasie vorstellt. Wer an dem Punkt angelangt ist, der ist dem Hobby schon verfallen. Gleichzeitig wird aber auch das Auge geschult für die wesentlichen und unwesentlichen Dinge.

Jetzt wird vielleicht der eine oder andere sagen: Wer kann schon Hunderte oder gar Tausende von Mark ausgeben für ein Hobby? Das können sich nur ganz bestimmte Leute leisten. Dazu möchte ich noch etwas sagen, das mir sehr wichtig erscheint und spätestens an dieser Stelle zur Sprache kommen sollte. Habe ich anfangs gesagt, ich wolle mit dem Mythos aufräumen, der diese Bonsai umgibt, so muß ich doch an die Stelle des Mythos etwas anderes setzen, damit kein Vakuum entsteht. Meines Erachtens kommt für uns Europäer hier die Begeisterung hinzu, die Begeisterung am Experimentieren mit der Pflanze. Gerade dieses Experimentieren macht das Hobby wieder erschwinglich. Am Anfang einer Sammlung sollten eigentlich die eigenen „selbstgebastelten" Bonsai stehen. An diesen kann man seine Fähigkeit, mit Pflanzen umzugehen und sie zu gestalten, erproben.

Man entwickelt ein Gefühl und Gespür für dieses lebende Material. Wenn dann wirklich einmal etwas schief gehen sollte, dann ist man nicht gleich um zig Mark ärmer, sondern um eine Erfahrung reicher, die dann den anderen Pflanzen zugute kommt.

Wenn sich jemand zu dieser Einstellung durchgerungen hat, dann verliert er auch die geheime Angst, alles falsch zu machen. Er hat es dann viel leichter.

„Alles gut und schön!" werden jetzt viele sagen. „Wie komme ich jetzt aber zu meinem Bonsai?" Jetzt haben wir so viel von und über Bonsai gehört, was sie sind und was sie nicht sind, nur nicht, wie ich welche bekomme."

Nun, an Bonsai zu kommen, ist recht einfach; entweder selber ziehen, oder kaufen.

Beginnen wir zunächst einmal mit dem Kauf. Wenn Sie heute in ein Blumengeschäft gehen und einen Bonsai verlangen, dann werden Sie in der Regel noch verständnislose Gesichter zu sehen bekommen, leider, denn die wenigsten Blumengeschäfte haben Bonsai vorrätig. Meistens sind es die guten Gartencenter oder Geschäfte mit einem etwas ausgefallenen Sortiment. Sollten sie aber das Glück haben, daß doch welche vorrätig sind, dann sind verschiedene Dinge für Sie wichtig, die sie unbedingt beachten sollten. Prüfen Sie sehr kritisch! Ich sage so einfach: „Prüfen Sie!" Wie sollten Sie aber prüfen, wenn Sie nicht genau wissen, worauf Sie Ihr Augenmerk richten sollen. Ich werde anschließend versuchen, Ihnen die wichtigsten Merkmale für einen guten Bonsai aufzuzeigen, auf die Sie beim Kauf - aber auch bei der Anzucht der eigenen Bonsai - achten sollen.

Da ist entscheidend, ob der Bonsai Ihnen wirklich gefällt. Ist er von der Form her wirklich das, was Sie sich vorgestellt haben? Sie sollten sich dessen sicher sein, denn Sie wollen ihn ja über Jahre hin ansehen können. Dazu kommt noch, daß er eine gesunde Farbe haben sollte, denn ein Bonsai ist kein „Hungerbaum", der vor lauter Mangel nur so vor sich hin vegetiert. Die gesunde Farbe läßt aber auch darauf schließen, daß die Wurzel aller Wahrscheinlichkeit nach auch in Ordnung ist. Doch verlassen Sie sich nicht nur auf Vermutungen, sondern prüfen Sie nach, ob die Pflanze auch fest in der Schale eingewurzelt ist, denn in der Regel kommen die Pflanzen ohne Schale aus Japan an und werden erst hier eingetopft. Eine solche frisch getopfte Pflanze ist natürlich anfälliger, als eine Pflanze, die fest eingewurzelt ist. Ein grüner Moosteppich auf dem Erdreich in der Schale ist in der Regel ein Zeichen dafür, daß der Bonsai schon längere Zeit in der Schale steht. Normalerweise dauert es ein viertel – ein halbes Jahr, bis sich Moos zeigt.

Das sind aber nur die vordergründigsten Dinge, die jeder erkennen oder entscheiden kann. Ich stehe aber auf dem Standpunkt, daß man, wenn man sich in solch eine Sache wie die Bonsaikultur vertiefen will, sich mit dem nötigen Rüstzeug versehen sollte. Denn erst dieses Rüstzeug versetzt uns in die Lage, sachlich und fachlich richtig zu entscheiden und zu handeln. Das gilt sowohl für den Kauf wie für die eigene Anzucht und die Pflege. Es ist nun sehr schwer, den richtigen Ansatzpunkt zu finden, da das Ganze sehr vielschichtig ist.

Ich möchte an dem Punkt beginnen, an dem ich den Bonsai in die Nähe der gestaltenden Kunst gerückt habe, da erst die Gestaltung den Bonsai zu dem macht, was er ist, nämlich ein Kunstwerk.

Warum beginne ich ausgerechnet hier? Ich muß ehrlich sagen: es war reine Intuition. Doch im Nachhinein möchte ich sagen, es war meines Erachtens der einzig richtige Punkt. Ich möchte das kurz erklären. Wie ich vorhin gesagt habe, halte ich den Bonsai für ein Kunstwerk, in dem alle gestalterischen Grundelemente der Harmonie verwirklicht worden sind, wie in einem Bild oder einer Plastik. Wie für jedes Bild der Gesamteindruck entscheidend ist, so ist er das auch beim Bonsai. Aber nicht jeder kann sich für jedes Bild erwärmen, da sie verschiedenen Stilrichtungen entstammen, denn wie weit sind doch die Bilder eines Rubens, van Gogh, Dürer von denen eines Klee, Cezanne oder Picasso entfernt. Es liegt mir fern, hier irgendeine Wertung vorzunehmen, und die Namen stehen mehr oder weniger zufällig hier. Sie sollen eigentlich nur verdeutlichen, daß es hier eine Reihe von Stilrichtungen gibt. Genau diese Stilrichtungen gibt es aber auch in der Bonsaikunst. Nachfolgend möchte ich auf diese klassischen Stilrichtungen eingehen, damit Sie sich beim Kauf oder bei der Anzucht Ihrer eigenen Bonsai orientieren können. Ich halte es für sehr sinnvoll, sich zunächst diese klassischen Formen zu eigen zu machen, und erst wenn man diese beherrscht,

mit dem erworbenen Wissen als Fundament nach neuen Wegen der Gestaltung zu suchen.

Wie sieht nun aber die Aufteilung der Bonsai aus. Da wäre zunächst die Einteilung nach dem natürlichen Wuchs der Pflanze, nach ihrem natürlichen Habitus oder nach ihren Eigenschaften. Bei den Bonsai sind da zum Beispiel die beliebtesten:

Die Immergrünen
Bei den Immergrünen können wir nun wiederum unterscheiden zwischen Laub- und Nadelhölzern. Diese Immergrünen vermitteln schon allein durch ihr beständig grünes Laub- oder Nadelkleid den Eindruck von unverwüstlicher Vitalität und rein unbegrenzter Lebensdauer.

Ich glaube fast, daß es gerade dieser Eindruck von Beständigkeit ist, der sie bei so vielen Bonsaifreunden so beliebt macht, sehnen sich doch die meisten Menschen in dieser raschlebigen Zeit nach ein klein wenig Kontinuität. Diese Bäume sehen jedoch fast das ganze Jahr über fast gleich aus, bis auf die kurze Zeit im Frühjahr, in der die neuen Triebe sprießen.

Die Laubabwerfenden stehen ganz im Gegensatz zu den Immergrünen. Auch hier können wir wieder nach verschiedenen Kriterien unterscheiden. So werden zum Beispiel verschiedene Sorten einzig und allein wegen ihres schönen Laubes oder wegen der ausgezeichneten Herbstfärbung gezogen. Wer zum Beispiel einmal über ein ganzes Jahr hin einen japanischen Ahorn beobachtet hat, wie er im Frühjahr austreibt, sein Sommerlaub und den zweiten Sommertrieb bekommt, sich dann im Herbst verfärbt und die Blätter abwirft und seine kahle Astkrone zeigt, der kann sich dieser zauberhaften Veränderung eigentlich nicht entziehen. Steht nun bei der einen Art das Laub im Vordergrund, so bevorzugt man wieder andere Arten wegen ihrer herrlichen Blüten. Denken wir nur einmal an die blühenden Kirschen und Aprikosenbäume, um hier nur die bekanntesten zu nennen.

Andere wiederum werden ausgewählt wegen ihrer schönen Früchte. So mutet es eigenartig an, wenn solch ein Zwerg von einem Baum mit reifen Früchten behangen ist.

So erzählte mir z. B. ein Bonsaifreund, daß er jedes Jahr von seinen vier Bonsai-Aprikosen gerade so viel Früchte ernten könne, um ein kleines Glas Aprikosenmarmelade zu kochen, das er bei besonderem Anlaß auftischt.

Bis jetzt habe ich nur die natürlichen, sortenbedingten Unterschiede angesprochen. Ein weiteres Unterscheidungsmerkmal wäre aber auch die Einteilung der Bonsai nach ihrer Größe. Bonsai gibt es in verschiedenen Größen, je nach ihrer Verwendung.

So gibt es Bonsai, die eine Höhe von ca. 90 cm haben. Diese großen Bonsai stehen meistens im Hausgarten an exponierter Stelle, etwa am Hauseingang. Es wäre ziemlich beschwerlich, diese im Hause immer wieder auszuwechseln. Sie würden wohl auch im Hause durch ihre Größe

jeden Rahmen sprengen und sich nur schwer placieren lassen. Der mittlere Bonsai hat meistens eine Größe um die 45 cm. Es gibt natürlich keine festgeschriebenen Standardwerte, sondern die angegebenen Maße haben sich im Laufe der Zeit herauskristallisiert. Die kleinen Bonsai haben eine Größe so zwischen 10 und 20 cm. Diese müssen jedoch nicht zwangsläufig junge Pflanzen sein, sondern es gibt auch in dieser Größenordnung recht alte Exemplare.

Die noch kleineren Miniatur-Bonsai sind in der Regel unter 10 cm und auch meist jünger. Die mittleren, kleinen und Miniatur-Bonsai sind von der Größe her auch geeignet, sie in der Wohnung zu präsentieren. Bei der Aufstellung im Hause sollten Sie jedoch die mittleren Bonsai immer allein aufstellen, damit die Aufmerksamkeit sich uneingeschränkt auf diesen einen Baum richten kann und nicht durch andere abgelenkt wird.

Bei den kleinen und Miniatur-Bonsai nimmt es sich z. B. sehr gut aus, wenn man diese beiden miteinander in einem Regal präsentiert. Sie würden sonst vielleicht in einem größeren Raum übersehen werden.

Die Unterscheidungsmerkmale, die ich bis jetzt aufgeführt habe, sind alles Dinge, die eigentlich jedermann feststellen kann. Sie berühren jedoch noch nicht den Kern der Sache. Doch auf diesen möchte ich jetzt zu sprechen kommen, nämlich auf die Einteilung nach Wuchsformen. Zu diesem Zweck möchte ich Sie bitten, in Gedanken einmal einen Gang durch die Natur zu machen und sich die verschiedenen Baumformen vor Augen zu führen. Vergegenwärtigen Sie sich einmal eine Baumgruppe im Gebirge, eine urwüchsige Buche, die frei in der Ebene steht oder einen Baum an der Küste, der seine Äste alle in eine Richtung streckt, als wolle er sie hinter seinem Stamm vor den stetigen, rauhen Stürmen schützen.

Nun, wie ich oben schon gesagt habe, sollte ein Bonsai die gestaltete Natur sein. Wenn ich nun aber einen Bonsai so gestalten will, muß ich zunächst einmal wissen, wie sieht ein Baum in der Natur überhaupt aus? Wie ist seine natürliche Aststellung? Wie ist die natürliche Wuchsform in einer bestimmten Landschaft: zum Beispiel im Gebirge, in der Ebene, an der Küste zwischen den Klippen oder in einem dichten Hochwald?

Die Wuchsform wird bei ein und derselben Art an jedem dieser genannten Standorte grundsätzlich anders sein, und diese verschiedenen Wuchsformen gilt es bei der Bonsaigestaltung herauszuarbeiten.

Dazu müssen wir in der Folge jedoch in eine etwas trockene Materie einsteigen. Es gilt hier, die wichtigsten Merkmale der einzelnen Stilformen (sprich: Wuchsformen) in einer kurzen Charakterisierung herauszustellen. Es wird jedoch wohl nie ganz möglich sein, alle Bonsai mit Sicherheit nur in diese oder nur in jene Kategorie einzuordnen, denn die Übergänge sind oft sehr fließend. So können wir oft Stilelemente der einen wie der anderen Form in einer Pflanze ver-

einigt sehen, und es wird dann am Betrachter liegen, ob er sie noch zu dieser oder schon zu jener Kategorie zählt. Meiner Meinung nach ist aber auch eine zu starre Katalogisierung hier in unserem Falle der Sache an sich eher abträglich als förderlich, denn wir haben es hier ja nicht mit einem Industrieprodukt zu tun, wo ein Stück mit größter Präzision dem anderen gleicht, ja nicht einmal mit einer gärtnerischen Massenkultur, bei der eine Pflanze der anderen gleichen soll, damit man sie für den Markt möglichst genau nach Größen- oder Güteklassen sortieren kann.

Bei den Bonsai dagegen ist jedes Stück ein Unikat, um einmal in der Sprache der Kunstsammler zu sprechen, und es stehen die ästhetischen Gesichtspunkte vor allen anderen im Vordergrund. Ich möchte mich jedoch im nachfolgenden Teil darauf beschränken, nur die wirklich typischen Merkmale der einzelnen Stilformen aufzuzeigen. Alles andere würde hier nur verwirren.

2 Stilformen – Wuchsformen

Cryptomeria –
jap. Sicheltanne
auf Stein
ca. 18 – 20 Jahre ▶

20

2.1 De**r** **Chok-kan** ist die einfachste und schlich-
teste Wuchsform. Der Stamm wächst streng auf-
re**c**ht und spreizt seine Äste nach außen weg. Bei
dieser Wuchsform gibt es keine Schnörkel oder
Verzierungen. Er wirkt durch seine strenge
Form immer etwas erhaben und kraftvoll.

Acer buergerianum
Dreispitzahorn
ca. 25 Jahre alt ▶

Pinus silvestris ▶
Föhre, Kiefer

2.2 Den **Moyogi** könnte man als den Lebenskünstler unter den Bonsai bezeichnen. Würde man *Moyogi* aus dem Japanischen übersetzen, so würde es etwa lauten: Kombination der Formen. Der Stamm windet sich praktisch in drei Dimensionen. Auf seinem Weg nach oben legt er sich mal nach links, mal nach rechts oder nach vorn oder nach hinten. Wir müssen uns das etwa so vorstellen, wie wenn sich die Spitze eines Baumes unter der Schneelast im Winter neigt und in dieser Stellung verbleibt. Der Baum wird dann im Laufe der Jahre eine neue Spitze ausbilden, und auch diese wird sich eines Tages unter der Schneelast beugen. Auf diese Weise windet sich der Stamm langsam nach oben. Trotz aller Rückschläge richtet er sich doch immer wieder auf.

22

◄ *Celtis sinensis*
Zürgelbaum
ca. 40 Jahre alt

2.3 Eine andere Form ist der **Shakan.** Bei dieser Stilform ist der Stamm leicht geneigt, doch haben sich die Äste auf die Wuchsform des Baumes eingestellt und streben in die Horizontale. Solche Bäume finden wir zum Beispiel im Gebirge an sehr steilen Hängen, oder an Flußläufen, wo die Wurzeln auf einer Seite schon unterspült sind, und an der Küste.

◄ *Salix*
Weide

Pinus nigra
Schwarzkiefer
ca. 25 Jahre alt
▶

Juniperus
chinensis
Chinawacholder
▶

2.4 Die Halbcascade – **Han-kengai** – neigt ihren Stamm fast bis auf den Rand des Gefäßes, und die Zweige hängen noch darüber hinaus. Sie zeigt etwa den Wuchs, wie wir ihn von den Latschenkiefern im Gebirge, den Sanddornen zwischen den Dünen oder von Bäumen in den Klippen kennen.

◄ *Juniperus „Blue Carpet"*
Wacholder
ca. 10 Jahre alt

2.5 Die Cascade – **kengai** – neigt ihren Stamm ähnlich wie bei der vorigen Form, jedoch hängen die Zweige noch wesentlich weiter herab. Sie hängen weit über den Boden des Gefäßes hinaus, weswegen man zur Aufstellung dieser Form einen hohen Blumenständer oder wenigstens einen erhöhten Standort benötigt. Diese Form finden wir eigentlich nur im Hochgebirge an unzugänglichen, schroffen Felswänden, wo sich die Pflanzen in Felsspalten oder Löchern festkrallen und ihre Zweige und Äste frei über den Abgrund hinabhängen, ständig von den rauhen Winden hin- und hergepeitscht werden. Leider sind die beiden Cascadenformen heute weniger beliebt.

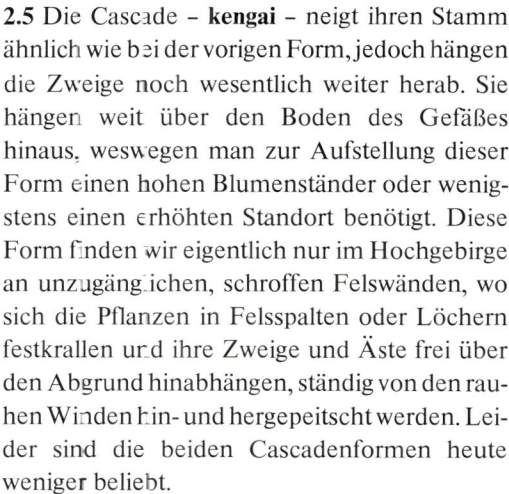

◄ *Juniperus rigida*
Igelwacholder

25

2.6 Eine sehr eigenwillige, ja fast verspielte Form ist die Literatenform – **bunjingi** –. Der relativ dünne Stamm strebt meist in elegantem Bogen aufwärts, knickt schwungvoll ab und neigt sich dann wieder der Erde zu. Erst auf diesem unteren Bogen baut er seine Krone auf. Diese Stilform war um die Jahrhundertwende sehr beliebt.

2.7 Die gewundene Form – **Bankan** – ist seiner ganzen Erscheinungsform nach ziemlich rauh, ja man könnte fast sagen, wild. Der Stamm dreht und windet sich nach allen Seiten, er richtet sich auf, neigt sich wieder zur Erde und richtet sich wieder auf. Es ist, als ob ein mächtiger Wirbelsturm den Baum in sich verdreht und zersaust hätte.

27

Malus
Apfelbaum ▶

2.8 Eine sehr beliebte Form ist die Besenform –
Hokidashi –. Der **Hokidashi** erinnert mich
immer an einen alten Reisigbesen, der mit dem
Stiel in den Boden gesteckt ist. Der relativ kräftige Stamm verjüngt sich harmonisch auf seinem
Weg zur Spitze. Auf seinem Wege dorthin, teilt
er sich auf in Äste und Zweige, und diese wiederum verjüngen sich zu feinsten, filigranartigen
Trieben. Diese Form vermittelt einen so voll-
kommenen Eindruck von vollendeter Harmonie wie sonst kaum eine andere Stilform. Sie
erinnert an eine mächtige Buche oder Linde in
einem riesigen Park und an die alte Dorflinde.
Diese Form vermittelt einfach das Gefühl von
Vertrautheit und Geborgenheit.

2.9 Eine in ihrer Wildheit und Urwüchsigkeit kaum zu übertreffende Form ist der **Sabamiki** – der gespaltene oder zerrissene Stamm. Oft sind es nur teilweise lebende Fragmente eines ehemals mächtigen Baumes, der sich trotz aller Blessuren und Unbilden immer wieder durchgerungen hat. Diese Stilform vermittelt den Eindruck von unbezähmbarem Lebenswillen.

29

Juniperus chinensis ▶
Chin. Wacholder
ca. 40 Jahre alt

Juniperus chinensis ▶
Chin. Wacholder

2.10 Die Treibholzform – **sharimiki** – hat ihren Namen von den trockenen, durch Sonne und Wind ausgebleichten Ästen und Zweigen. Sehr oft sieht man diese Erscheinung an alten Eichen, deren Holz durch den hohen Gehalt an Gerbsäure sehr haltbar ist. Ich sah solche Bäume zum Beispiel in den Rheinniederungen bei Lörrach und Basel.

30

2.11 Den – **Fukinagashi** –, die windgepeitschte Form, finden wir auch bei uns in der gesamten Küstenregion, wo die Bäume sich zwischen die Dünen ducken, um sich vor den ständigen West-Nordwestwinden zu schützen. Unter diesen widrigen Lebensbedingungen sind die Bäume kaum in der Lage, richtige Stämme zu bilden, sondern sie nehmen eher die Form des Knieholzes an, wie wir sie auch aus dem Gebirge von den Latschenkiefern kennen. Der Sturm hat alle Äste und Zweige in eine Richtung gekämmt, und wenn man solch einen Baum intensiv betrachtet, so könnte man fast meinen, den Sturm zu hören.

Betula
Birke

Pinus nigra
Schwarzkiefer
ca. 25 Jahre alt ▶

Fagus silvatica
Rotbuche ▶

2.12 Der – **Neagari** – ist eine Stilform, die uns relativ fremd ist. Das typische Merkmal dieser Form sind die Stelzwurzeln. Der ganze Baum wirkt irgendwie unnatürlich. Diese Wuchsform finden wir hauptsächlich in den Mangrovenwäldern, wo gewaltige Baumriesen auf Stelz- und Luftwurzeln im Wasser stehen.

32

2.13 Eine Sonderstellung unter den Stilformen nimmt meines Erachtens der – **Sekijoju** – die „Wurzel über dem Stein"-Form ein. Bei dieser Form sitzt der Stamm fest auf einem schön geformten Stein auf und umkrallt ihn mit seinen Wurzeln. Baum und Steine verwachsen zu einer untrennbaren Einheit. Die Wurzeln schlängeln sich am Stein herab und graben sich dann in die Erde ein, wo sie sich Nahrung suchen.

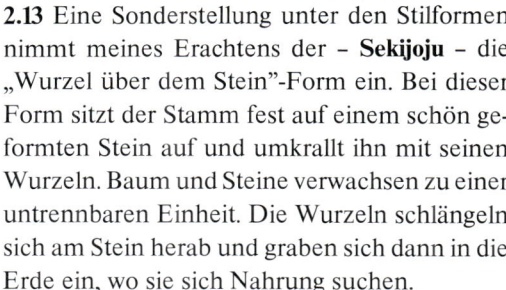

33

Cryptomeria
jap. Sicheltanne
auf Stein
18 – 20 Jahre alt ▶

Fichtengruppe ▶
auf Stein

2.14 Eine zweite Felsenpflanzung ist der – **Ishitsuki** –. Bei dieser Form wächst die Pflanze nur auf dem Felsen und hat keinerlei Verbindung mit dem Boden. Die Pflanzung vermittelt die Vorstellung einer bewachsenen Insel.

Pinus pentaphylla ▶
Mädchenkiefer
ca. 30 Jahre alt

Mehrere Stämme aus einer Wurzel

Hatten wir uns bisher nur mit Einzelbäumen befaßt, so wenden wir uns jetzt den Baumformen mit mehreren Stämmen aus einer Wurzel zu. Bei diesen Formen wird nun weniger nach der Anzahl der Stämme unterschieden, sondern in erster Linie wie sie der gemeinsamen Wurzel entwachsen.

◀ *Acer palmatum jap. Fächerahorn ca. 18 – 20 Jahre alt*

2.15 Die einzige Form, die nach der Zahl ihrer Stämme benannt wird, ist der **Sokan** – der Zwillingsstamm oder Doppelstamm. Bei dieser Form entwachsen beide Stämme der gemeinsamen Wurzel und teilen sich erst unmittelbar an der Erdoberfläche oder erst in einer gewissen Höhe oberhalb der Erdoberfläche. Es sollten niemals beide Stämme gleich stark sein, sondern ein Stamm sollte immer die Oberhand behalten, während sich der zweite in der gleichen Biegung neben dem Hauptstamm duckt.

◀ *Salix Weide*

Picea yedoensis ▶
Ajanfichte
ca. 35-40 Jahre alt

Salix ▶
Weide

2.16 Beim **Kabubuki** oder **Kabudachi** haben wir mehrere Stämme aus einer gemeinsamen Wurzel. Wir finden diese Form an Waldrändern, wo einzelne Bäume gefällt worden sind, aus deren Wurzelstock dann zunächst eine Unzahl von Trieben wächst, von denen dann im Laufe der Jahre einige zu ansehnlichen Stämmen heranwachsen.

2.17 Korabuki – der Stamm aus dem Schild-
krötenpanzer. Bei dieser Form ist der Wurzelhals so verdickt, daß er aussieht wie der Panzer
einer Schildkröte. Aus diesem Panzer wachsen
nun die einzelnen Stämme heraus.

Acer palmatum ▶
jap. Ahorn
ca. 12 – 15 Jahre alt

Malus ▶
Apfelbaum

2.18 Ikadabuki – die Floßform ist eine Gestaltung, die uns wahrscheinlich schon wieder vertrauter ist als die vorige. Bei der Floßform müssen wir uns einen Baum vorstellen, der im Sturm gefällt und flach zu Boden gestreckt ist. Die unteren Äste sind abgebrochen, doch die oberen Äste wachsen weiter und strecken sich dem Licht entgegen, bis sie nach Jahren wieder zu Stämmen mit eigenen Seitenästen herangewachsen sind, die dann schön in einer Reihe stehen wie Alleebäume.

Juniperus rigida
Igelwacholder
ca. 30 Jahre alt

2.19 Netsuranari – die sich hin und herwindende Wurzel – ist eine Form, wie wir sie bei sehr alten Bäumen finden, die ihre unteren Äste unter der Last ihrer Zweige bis auf den Boden legen. Überall dort, wo sie den Boden berühren, treiben sie neue Wurzeln und neue Triebe, die dann wieder zu Stämmen heranwachsen. So bilden sich um den alten Baum immer neue, aber kleinere Bäume, die aber durch die Wurzel miteinander verbunden sind.

Chamaecyparis
lawsoniana
Scheinzypresse

2.20 Yose-Ue – Waldform, Gruppenpflanzungen mit einzelnen Bäumen aus eigener Wurzel. In der folgenden Gruppe kommen wir auf Bonsai zu sprechen, die aus zwei oder mehreren Bäumen auf eigener Wurzel bestehen. Bei der Gestaltung dieser Gruppenpflanzungen meidet man in der Regel aus gestalterischen Gründen die geraden Zahlen. Die Waldform bietet wie keine andere mehrstämmige Form alle gestalterischen Möglichkeiten. Wie ich aus vielen Gesprächen weiß, ist der *Yose Ue* der Bonsai-Typ, der die meisten Leute auf Anhieb anspricht, sogar dann, wenn der Betrachter dem Bonsai an sich skeptisch gegenübersteht, wahrscheinlich, weil bei dieser Waldform die Phantasie des Betrachters am stärksten angeregt wird. Die meisten Menschen kennen heutzutage wohl noch den Wald in seiner Gesamtheit, aber nicht mehr den einzelnen Baum.

Bei diesen Gruppenpflanzungen finden wir nun innerhalb einer Pflanzung viele der vorigen Stilformen vereinigt, so wie wir es auch in einem richtigen Wald vorfinden. Wir haben markante Einzelbäume, die alles überragen, bis hin zum strauchartig wachsenden Gebüsch am Waldrande, mit allen Zwischengrößen, und jeder Baum in dieser Pflanzung muß einzeln gestaltet werden. Ebenso wie mit Pflanzen können wir in dieser Gestaltungsform mit den anderen Gestaltungsmitteln arbeiten wie Perspektive, Raumaufteilung und Gruppierung der einzelnen Bäume zueinander. Es gibt Dickichte und Lichtungen, Gruppen und Einzelbäume mit räumlicher Tiefe.

Eine Unterscheidung nach Stilformen würde ich hier nicht vornehmen, es sei denn nach der Anzahl der Bäume.

Zum Abschluß dieses Kapitels über die Stilformen möchte ich noch auf einige Formen der Pflanzungen zu sprechen kommen, die im engsten Sinne nicht mehr als Bonsai zu bezeichnen sind, da sie im Gegensatz zum „echten" Bonsai nicht den Baum oder die Pflanze in den Mittelpunkt stellen.

2.21 Saikei – Landschaftspflanzung
Die Landschaftspflanzung gestaltet nicht – wie ich oben schon anklingen ließ – die Pflanze oder

Stewartia Scheinkamellie ▶

den Baum als eigentliches Objekt, sondern – wie der Name schon sagt – die Landschaft mit allem, was sie beinhaltet: Pflanzen in ihrer Vielfalt, Steine, Felsen, Berge, Täler und – wenn auch nur in stilisierter Form – Flüsse, Strände, Meer und Wasser. Wie beim Bonsai gilt es auch hier, die charakteristischen Züge einer Landschaft herauszuarbeiten.

2.22 Die „Pflanzung nach Jahreszeiten" ist ein Arrangement, das zu bestimmten Zeiten oder zu bestimmten Tagen angelegt wird, so gibt es z. B. – um nur einige zu nennen – die Neujahrspflanzung, die immer drei bestimmte Hauptpflanzen beinhaltet, nämlich Kiefer, Bambus und Jap. Aprikose, die in voller Blüte sein sollte. Jede

dieser drei Pflanzen symbolisiert einen anderen Wunsch: die Kiefer ein langes Leben, der Bambus Glück und die Aprikose Tugend. Zu diesen Symbolpflanzen kommen dann noch die kleinen Blütenstauden zur Abrundung des Gesamtbildes, wobei ich sagen muß, daß das Neujahrsfest in Japan nach dem alten Mondkalender erst im Februar war. Wollten wir uns nach unserem Kalender richten, so müßten wir die Pflanzen ca. 3 Wochen vorher antreiben.

Die Herbstpflanzung dagegen beschränkt sich auf die typischen Herbstblüher, und auch hier gibt es wieder Symbolpflanzen, auf die ich hier in diesem Rahmen nicht weiter eingehen möchte, da diese Details nur verwirren würden.

◀◀ *Saikei mit Picea „Laurin" und Cotoneaster „Streib's Findling"*

◀ *Neujahrspflanzung Prumus 'Mume' – jap. Aprikose*

Pinus thunbergii – jap. Schwarzkiefer

Bambus

Gaultheria procumbens – Scheinbeere

43

Bei allen diesen Pflanzungen nach der Jahreszeit wird auch nicht in erster Linie Wert auf die Stilform der Einzelpflanze gelegt, sondern mehr auf den Gesamteindruck. Meiner Meinung nach sollten wir diese Pflanzungen mehr als Arrangement von Pflanzen nach „Bonsai-Art" betrachten und nicht als Bonsai-Form. Nun wäre zu diesem Thema Bonsai-Stile noch sehr viel zu sagen, wenn man die ganzen Hintergründe und Hintergründigkeiten erfassen wollte, doch würden wir im Rahmen dieses Buches wohl kaum zu einem echten Ergebnis kommen. Ich habe jedoch sehr häufig die Erfahrung gemacht, daß Bonsai-Liebhaber, die ihren eigenen Bonsai herangezogen haben oder heranziehen, durch den Umgang mit der Pflanze sehr bald zu einem tieferen Verständnis der Natur und der Pflanze kommen. Sie lernen zu beobachten, sie lernen die einzelnen Vorgänge und Zusammenhänge innerhalb der Pflanze und in der Natur zu sehen und zu deuten, und sie lernen durch den Umgang mit ihren eigenen Pflanzen diese Vorgänge und Zusammenhänge sinnvoll zu nutzen.

Zum Abschluß dieses Kapitels möchte ich noch eines sagen, was mir sehr wichtig erscheint: Ich habe mit Absicht das Kapitel über die Stilform allem vorangestellt, um in einem kurzen Aufriß zu zeigen, welches die charakteristischen Wuchsformen sind. Das wichtigste, was Sie sich aus diesem Kapitel merken sollten, sind die Formen und Konturen der Bäume auf den Bildern und Zeichnungen.

Merken Sie sich jedes Detail des Baumes von der Wurzel über den Stamm, die Äste bis in die letzte Zweigspitze, denn dieses Bild vor Augen benötigen Sie später bei der Gestaltung der eigenen Bonsai.

3 Die Gewinnung von Pflanzen zur Bonsai-Anzucht

3.1 Die Wege zum Bonsai

Haben wir uns bis jetzt ausgiebig mit dem „fertigen Produkt" Bonsai befaßt, so wollen wir jetzt damit beginnen, die Möglichkeiten kennenzulernen, wie wir zu eigenen selbstgezogenen Bonsai kommen. Ich will gleich vorausschicken, wer sich Hoffnungen macht auf rasche Erfolge, wer glaubt, innerhalb eines Jahres ein solches Meisterstück zu erziehen, wie wir sie auf den Bildern sehen, der sollte sich vor Augen halten, daß diese gezeigten Stücke teilweise Jahrzehnte gebraucht haben, um zu dem heranzuwachsen, was sie heute sind – nämlich kleine Kostbarkeiten, kleine Kunstwerke. Wir aber wollen ja erst beginnen. Es gibt nun verschiedene Wege, um Pflanzenmaterial für einen Bonsai zu gewinnen. Alle diese Wege führen zum „fertigen Bonsai", jedoch haben sie verschiedene Ausgangspunkte.

Im Prinzip unterscheiden sie sich hauptsächlich darin, daß wir einmal versuchen, eine ältere, größere Pflanze, die vom ganzen Aufbau und Habitus her gewisse Voraussetzungen für einen Bonsai bietet, soweit zurückzuschneiden, bis sie die gewünschte Größe hat.

Auf dem so verbleibenden Ast-Stammgerüst müssen wir dann versuchen, eine neue Krone nach unseren Vorstellungen zu erziehen. Die entstandenen Schnittstellen verwachsen im Laufe der Zeit wieder und die Übergänge werden wieder weicher und fließender. Auf diesem Wege kommen wir relativ rasch zu einem anschaulichen Stamm-Astgerüst, auf dem wir aufbauen können.

Auf der anderen Seite können wir aber auch von klein auf anfangen, das heißt – wir können mit dem Bonsai bei der Jungpflanze, dem Steckling oder gar dem Samenkorn beginnen.

Es wird sich allerdings jeder im Klaren darüber sein müssen, daß dieser Weg noch wesentlich langwieriger ist, als der erstere. Jedoch braucht man auch diese Möglichkeit, wenn man z. B. kleinere (Mini)-Bonsai heranziehen will. In diesem Falle wäre der andere Weg kaum möglich.

Ein dritter Weg, der meiner Meinung nach am schnellsten zum Ziele führt, ist das Sammeln von Bonsai in freier Wildbahn. Es gibt draußen in freier Natur oftmals so herrliche „fast fertige Bonsai", die man ausgraben und innerhalb weniger Jahre zu einem sehr guten Stück erziehen kann, weil sie schon fast alle Voraussetzungen mitbringen.

3.2 Das Sammeln von Pflanzen

Wenn man die bei uns greifbare Literatur durcharbeitet, seien es die wenigen Bücher in deutscher Sprache, sei es die englische oder amerikanische Literatur, so beschleicht mich immer ein gewisses Unbehagen, wenn ich das Kapitel über das Sammeln von Bonsai in freier Wildbahn lese. Beim Lesen dieser Bücher könnte man fast zu der Meinung kommen, daß das Bonsaisammeln nur möglich sei unter größten Entbehrungen im Hochgebirge mit safarimäßiger Ausrüstung, und dabei ist es doch so einfach, wenn man die Augen ein klein wenig offen hält. Schauen Sie sich doch einmal in Ihrem eigenen Garten um. Fast in jedem Garten gibt es irgendwo eine Pflanze mit einem interessanten Wuchs, die gute Voraussetzungen für einen Bonsai mitbringt. Schauen Sie sich um im Urlaub, auf Wanderungen, bei sonntäglichen Spaziergängen. Schauen Sie nach auf alten Gemäuern, an Straßenböschungen oder auf Geröllhalden und Waldrändern. Dies alles sind Möglichkeiten und Gelegenheiten, bei denen man ohne allzu große Vorkehrungen sehr gutes Material sammeln kann. Eine andere Möglichkeit, die Ihnen sogar noch das Ausgraben der Pflanzen erspart, ist es, einmal in Gärtnereien oder Baumschulen in die Ecken zu schauen. Dort gibt es oftmals Pflanzen, die für den Verkauf im Moment nicht geeignet sind, weil sie zu krumm oder zu schief gewachsen sind. Gerade diese Pflanzen sind es, die für unsere Zwecke oft sehr geeignet sind. Natürlich muß die Pflanze sehr gesund sein.

Sollten Sie wirklich keine verwertbare Pflanze finden, so haben Sie noch eine Möglichkeit, die die Japaner schon längst nutzen. Sie schneiden einfach eine Pflanze an ihrem Standort zu und lassen sie dort weiterwachsen, dann haben Sie im ersten Jahr einen besseren Zuwachs und Sie können schon im ersten Jahr beginnen zu formen. Der erste starke Formschnitt sollte am besten während der Winterruhe gemacht werden, also etwa Februar, wenn die schlimmsten Fröste vorüber sind. Nach dem ersten Formschnitt im Februar wird dann im Juni, wenn das erste Laub voll ausgebildet ist, die Pflanze umstochen, d. h., es werden mit dem Spaten in entsprechendem Abstand alle Wurzeln abgestochen, so als wollten Sie die Pflanze zum Umpflanzen herausnehmen. Alle Wurzeln, die nach unten wachsen, bleiben unberührt, da sie die Versorgung der Pflanze übernehmen sollen.

Im Herbst desselben Jahres wird dann die Pflanze ganz herausgenommen. Während der Sommermonate haben sich an den Schnittstellen, der im Juni abgestochenen Wurzeln, eine Menge neuer Faserwurzeln gebildet, die jetzt die Ernährung der Pflanze übernehmen können.

Nach dem Ausgraben der Pflanzen topfen wir sie mit einem möglichst guten Erdballen in ein Gefäß ein, in dem sie zunächst einmal ein bis zwei Jahre verbleibt, bis sich ein fester Wurzelballen gebildet hat.

In den seltensten Fällen ist der Wurzelballen bei einer gesammelten Pflanze so beschaffen, daß man diese Pflanze sogleich in eine flache Bonsai-Schale setzen kann. In den ersten ein bis zwei Jahren geht es in erster Linie darum, die Pflanzen am Leben zu erhalten, und das Gefäß spielt hier dann gar keine Rolle. Es sollte eher etwas zu groß als zu klein sein. In jedem Fall sollte es aber so groß sein, daß der Wurzelballen hineinpaßt, ohne daß man zuviel entfernen muß. Sollte der Wurzelballen zunächst noch zu stark sein, so wird er bei jedem Umtopfen ein wenig mehr reduziert.

Nun noch ein Wort zur Ausrüstung, die Sie beim Sammeln benötigen. Da ist zunächst zu bedenken, daß Sie die Ausrüstung leicht und platzsparend halten, da Sie ja alles tragen müssen. Sie sollten sich also genau überlegen, was Sie mitnehmen wollen. Da sind zunächst einmal die Arbeiten an der Pflanze selbst. Wenn Sie eine Pflanze gefunden haben, die Sie ausgraben möchten, dann wird sie normalerweise für Ihre Zwecke zu groß und zu ausladend sein, das heißt, Sie müssen die zu lange Spitze und die zu ausladenden Äste zurückschneiden. Dazu benötigen Sie als Werkzeug eine kräftige Gartenschere, wie sie ja die meisten Gartenbesitzer haben. Den gleichen Zweck erfüllen natürlich die original Bonsai Werkzeuge, wie die Astzange zum Schneiden starker Äste und Wurzeln oder die zweischneidige Astschere.

Zum Ausgraben der Pflanzen hat sich ein zusammenklappbarer Autospaten bestens bewährt. Er ist leicht und handlich und nimmt im Marschgepäck nicht allzuviel Platz weg. Sollten

Sie auf alten Gemäuern oder auf Schutthalden, im steinigen Boden oder im Gebirge sammeln, so ist es ratsam, noch einen handlichen Hammer und einen Meißel mitzunehmen.

Nach dem Ausgraben der Pflanzen müssen die Wurzelballen möglichst schnell verpackt werden, damit die Erde nicht von den Wurzeln abbröckelt. Zu diesem Zweck sollten Sie genügend feuchtes Torfmoos (Sphagnum) hinzufügen. Mit diesem wird der Wurzelballen gut eingepackt und rundherum gepolstert. Anschließend wird dieser Moosballen mit einem festen Material eingebunden, das kann Ballentuch sein, wie es die Baumschulen benutzen, oder es können Tücher sein oder festes Ölpapier. Um die Pflanze auf dem Transport vor dem Aus-

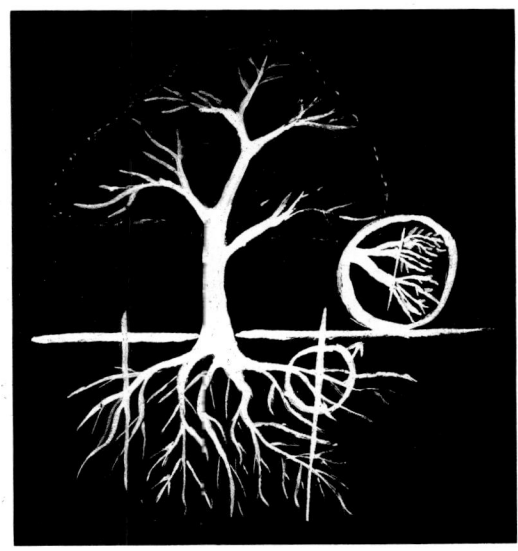

trocknen zu schützen, sollten Sie das ganze Paket dann noch in einen Plastikbeutel stecken.

Wenn Sie Ihre Pflanzen so versorgen, dann kann eigentlich nicht viel passieren.

Nun noch ein Wort zum Zeitpunkt des Sammelns. Es gelten hier die gleichen Zeiten, wie wir sie auch bei uns in den Gärten haben, nämlich das Frühjahr und der Herbst. Für Laubgehölze und Nadelhölzer heißt das im Frühjahr vor dem Austrieb, also noch in der Winterruhe. Im Herbst beginnt die Pflanzzeit bei uns hier mit den Nadelhölzern etwa Ende August und setzt sich dann etwa Anfang Oktober mit den Laubgehölzern fort, wenn die Blätter anfangen zu fallen.

Einen Punkt sollten Sie noch beachten, wenn Sie auf Sammeltour gehen, achten Sie darauf, wo Sie sammeln! Nicht jeder Grundstücksbesitzer sieht es gerne, wenn Unbefugte auf seinem Grundstück herumbuddeln und auch manche Förster sind davon nicht begeistert. Erkundigen Sie sich also lieber vorher, ob gesammelt werden darf. Das erspart manchmal unnützen Ärger und böse Worte.

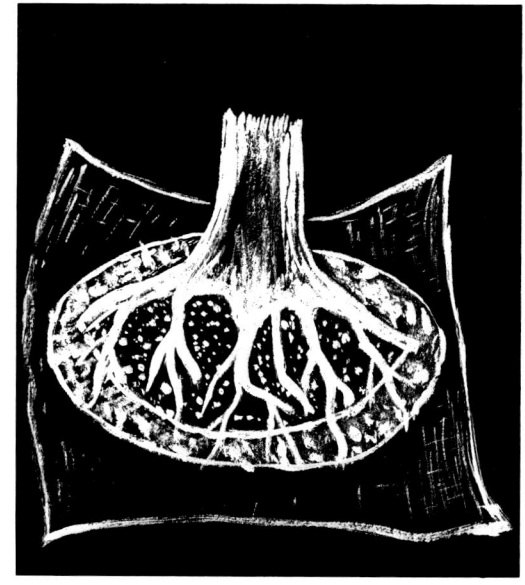

3.3 Vermehrung von Pflanzen zur Bonsai-Anzucht

Vorbemerkung

Zum Thema Vermehrung möchte ich nicht ins Detail gehen, bevor ich nicht einige grundsätzliche Worte dazu gesagt habe. Wie ich schon eingangs dieses Buches sagte, ist der Bonsai vom „Material" her eine ganz gewöhnliche Pflanze, und damit wären wir auch schon an dem Punkt angelangt, auf den ich hinauswollte. Wenn wir es hier mit einer gewöhnlichen Pflanze zu tun haben, dann muß auch die Vermehrung eine ganz normale sein, und eine „Bonsai-Vermehrung", wie sie in vielen Publikationen erscheint, gibt es in dem Sinne nicht. Die Arten und Methoden der Vermehrung der Japaner sind fast durchweg die gleichen, wie sie hier bei uns in den Baumschulen und Gärtnereien jahrein jahraus angewendet werden und wurden. Nur hat man bei uns die eine oder andere Methode aus wirtschaftlichen Gründen fallen lassen, weil sie mehr geeignet ist zur Gewinnung von Einzelpflanzen.

Ich weiß nun aber aus sehr vielen Gesprächen mit Leuten, die sich mit der Bonsai-Gestaltung befassen wollten, daß sie wohl wußten, wie es früher im Garten gemacht wurde, aus irgendwelchen Pflanzen neue Pflanzen nachzuziehen, daß sie aber der Meinung waren, daß das bei der Gewinnung von Pflanzenmaterial für Bonsai so nicht möglich sei. Sie wußten, daß Zweige von Pappeln, Liguster, Weiden und Forsythien usw. Wurzeln schlagen, wenn man sie im zeitigen Frühjahr in den Boden steckt. So waren noch viele alte Hausrezepte bekannt, wie man an neue oder junge Pflanzen kommt, nur kam niemand auf die Idee, daß man diese so gewonnenen Pflanzen auch zur Bonsai Gestaltung verwenden kann. Ich möchte nun im Anschluß nur auf die praxisüblichen Vermehrungsarten eingehen, die auch jeder ohne allzu große Fachkenntnisse selber praktizieren kann. Ich werde mich hier auch bei den Ausführungen auf das Notwendige beschränken, denn wollte ich mich mit dem Thema Vermehrung der Gehölze eingehend befassen, so gäbe das wohl ein mehrbändiges Werk. Wenn sich jedoch jemand intensiver mit diesem Thema befassen will, dem steht eine Unzahl von deutschen Garten- und Fachbüchern zur Verfügung für Laien und für Profis.

3.4 Vermehrung von Pflanzen auf eigener Wurzel

Das Anhäufeln

Das Anhäufeln ist eine Art der Vermehrung, die Sie bei allen leichtwurzelnden Gehölzen gut und sicher anwenden können.

Der Arbeitsablauf ist etwa folgendermaßen: Die zu vermehrende Pflanze – sie sollte noch nicht zu stark sein – wird im Februar, wenn draußen im Garten allgemein die Bäume und Sträucher geschnitten werden, bis kurz über dem Boden abgeschnitten. Im März/April erscheinen dann aus dem Wurzelstock eine ganze Anzahl von Schößlingen, wie wir sie auch von den Haselnußsträuchern her kennen. Wenn diese Schößlinge nun eine Höhe von ca. 15 bis 20 cm erreicht haben, dann werden sie mit einer Mischurg aus Torf, Erde und Sand so hoch angehäufelt, daß fast nur noch die Spitzen aus dem Erdhügel herausschauen. Achten Sie bitte darauf, daß die Erde nicht nur außen angefüllt wird, sondern daß sie auch zwischen die Triebe kommt, und alle richtig einhüllt. Wenn die Schößlinge dann wieder größer geworden sind, wird noch ein oder zweimal angehäufelt.

Auf diese Art und Weise bleiben die Teile der Sprößlinge, die im Boden sind, weich und bilden relativ leicht Wurzeln. Bei einer Reihe von Gehölzen kann man dann schon im November desselben Jahres die ersten bewurzelten Ruten ernten. Zu diesem Zweck wird die angehäufte Erde vorsichtig entfernt, so daß man keine Wur-

zeln beschädigt. Diese bewurzelten Ruten werden kurz oberhalb der Mutterpflanze abgeschnitten. Diese so gewonnenen Jungpflanzen können nun sofort oder im Frühjahr ausgepflanzt werden, oder aber für unsere Zwecke zurückgeschnitten und eingetopft werden.

Ableger

Die Vermehrung durch Ableger ähnelt in etwa der durch Anhäufeln, nur wird bei dieser Methode der lange vorjährige Trieb ganz in den Boden gelegt und gut mit lockerer, durchlässiger Erde bedeckt. Aus den Knospen dieses Triebes sprießen nun im Frühjahr wieder neue Seitentriebe, die sofort senkrecht aus dem Boden herauswachsen. Wenn diese nun lang genug sind, verfahren wir ebenso wie beim Anhäufeln.

Der Unterschied zwischen beiden Methoden ist der, daß ich beim Anhäufeln aus jedem Trieb nur eine Pflanze bekomme und beim Ableger mehrere. Bei der Ernte im Herbst wird vom Ableger die Erde vorsichtig entfernt und der ganze abgelegte Trieb herausgenommen. Bei dieser Arbeit heißt es: etwas aufgepaßt, denn längs dieses Triebes haben sich jetzt eine Vielzahl von jungen Pflanzen gebildet, die mit ihren Wurzeln einzeln im Boden verankert sind. Sollte ein Herausnehmen des Ablegers im Gesamten nicht möglich sein, so schneiden wir den alten Trieb vor und hinter der neuen Pflanze mit der Schere durch und nehmen die Pflanzen einzeln heraus. Die Weiterkultur ist die gleiche wie beim Anhäufeln.

Absenker

Beim Absenker werden die vorjährigen Triebe von ihrer Basis in einem kurzen Bogen in die Erde eingesenkt und die Triebspitze gleich wieder hochgebogen. Damit der Trieb nun nicht gleich wieder hochschnellt, sollten Sie ihn im Boden mit einem Haken aus Holz oder Metall feststecken. Das freie Ende des Triebes über der Erde sollten Sie vielleicht an einen Stab heften, damit der Absenker auch bei sehr windigem Wetter vollkommen ruhig im Boden liegt. Sonst könnten durch die Bewegungen frische Wurzeln, die sich gerade gebildet haben, beschädigt werden. Die weitere Behandlung der Jungpflanzen ist die gleiche wie bei den vorigen Vermehrungsarten.

Acer buergeriamum ▶
auf Stein.
ca. 30–35 jahre alt

Das Abmoosen

Das Abmoosen ist, wenn man so will, eine Art des Anhäufelns. Diese Art der Vermehrung wendet man meistens dann an, wenn man von einem älteren Gehölz einen schön gewachsenen Zweig abnehmen möchte, um ihn weiter zu ziehen. Die beste Zeit zum Abmoosen ist das zeitige Frühjahr mit Beginn des Austriebes. Der ausgesuchte Zweig wird zu diesem Zweck ca. 2 cm unterhalb der Stelle an der er wurzeln soll, mit einem Draht aus einem nichtrostenden Material ein- oder zweimal ringförmig umwikkelt. Der Draht sollte zwar eng anliegen, aber noch nicht die Rinde einschnüren oder abquetschen. Um die Pflanze anzuregen, an dieser Stelle wieder aktiv zu werden, verletzen wir die Rinde unmittelbar oberhalb der Drahtung durch einfache Längsschnitte in der Rinde oder durch

Abheben vom schmalen Rindenstreifen längs des Zweiges. Achten Sie jedoch immer darauf, daß die Verbindung zwischen dem Zweig und der Mutterpflanze stark genug bleibt, um die Versorgung des Zweiges zu gewährleisten. Um die Wurzelbildung zu unterstützen, kann man die Rindenverletzung noch mit Bewurzlungshormonen behandeln. Diese Präparate gibt es in fast allen Gartenfachgeschäften zu kaufen. Am einfachsten zu verabreichen sind die pulverförmigen Präparate. Nach diesen Vorarbeiten wird die vorgesehene Stelle mit mäßig feuchtem Spaghnum (Torfmoos) eingepackt. Dazu packen Sie eine Handvoll Moos rund um die präparierte Stelle am Zweig und umwickeln das ganze mit Schnur, so daß das Moos fest anliegt und nicht abfallen kann. Der Moosballen sollte bei

 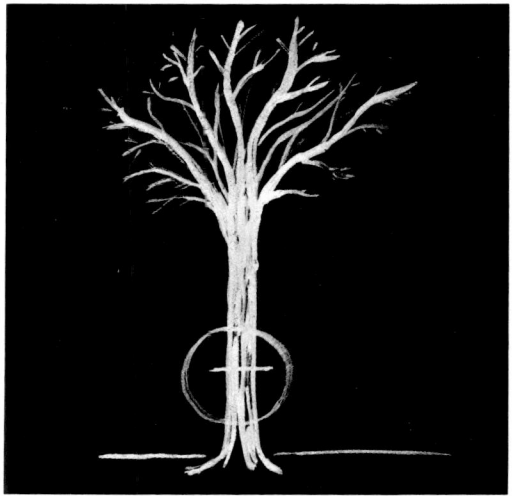

stärkeren Zweigen ungefähr Faustgröße, bei dünneren Zweigen aber mindestens den 5–6-fachen Durchmesser des Zweiges haben. Wenn nun der Moosballen angelegt ist, dann wird er zum Schutz gegen Austrocknung in dünne Plastikfolie eingepackt. Das obere und untere Ende und auch die Seitennaht werden zum Schluß mit einem wetterbeständigen Klebstreifen zugeklebt, damit kein Regenwasser eindringen kann, denn zuviel Wasser in der Packung würde zu Fäulnis und damit zum Mißlingen führen. Die Wartezeit bei dieser Vermehrungsmethode beträgt je nach Art und Sorte der Pflanze zwischen ca. ein und drei Jahren.

Nach dem Präparieren der Pflanzen können wir also nichts weiter tun, als hin und wieder zu kontrollieren, ob die Packungen noch richtig sitzen oder ob die Feuchtigkeit im Moos noch stimmt. Während dieser Wartezeit wächst nun der Zweig normal weiter und wird dicker und der Draht schnürt langsam ein und reduziert den Saftstrom in der Pflanze in dem Maße, wie das Dickenwachstum des Zweiges zunimmt.

Dieser Saftstrom führt zu einer Verdickung unmittelbar über der Drahtung. An den Wundstellen bildet sich langsam der Wundschorf oder Kallus. Unter diesem Kallus bilden sich dann im Laufe der Zeit die Wurzeln und wachsen hindurch um sich dann langsam in dem Moosballen einzuwachsen. Wenn sich in dem Moosballen genügend Wurzeln gebildet haben, dann können Sie die neugebildete Pflanze im Herbst abschneiden, mitsamt dem ganzen Moosballen. Die Plastikhaut wird vorsichtig entfernt und das

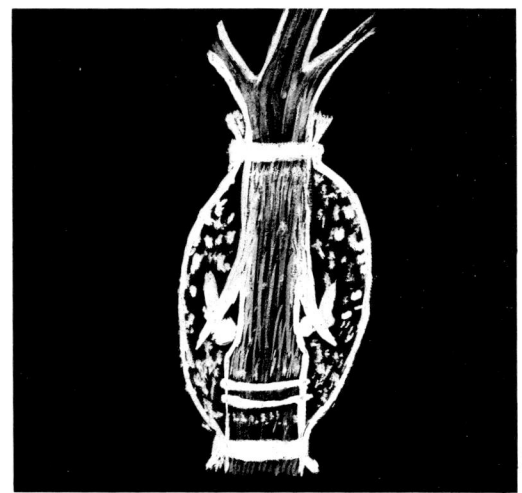

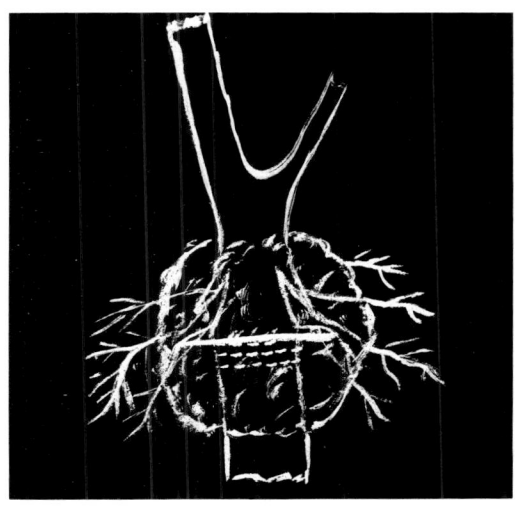

Moos freigelegt. Anschließend wird das Moos entfernt, ohne die frischen Wurzeln zu verletzen. Die Weiterbehandlung der so gewonnenen Pflanzen ist die Gleiche, wie bei den anderen Vermehrungsarten.

Alle Methoden, die jetzt hier in diesem Abschnitt aufgeführt sind, haben eines gemeinsam: Die Mutterpflanze, von der Sie die neue Jungpflanze abnehmen wollen, ernährt die neue Pflanze solange, bis diese aufgrund ihrer eigenen Bewurzelung selber lebensfähig ist. Erst dann werden die zwei Pflanzen voneinander getrennt. Das hat den Vorteil, Sie können den Versuch wiederholen, wenn der erste Anlauf nicht zum Erfolg führt. Es geht Ihnen bei diesen Methoden weder die Mutterpflanze noch die gewünschte Jungpflanze verloren.

3.5 Vermehrung durch Pflanzenteile, ohne eigene Wurzel

Vermehrung durch Stecklinge

Bei der Stecklingsvermehrung werden diesjährige, belaubte Spitzen- oder Seitentriebe (Kopf- oder Triebstecklinge) zur Bewurzelung gebracht. Diese Art der Vermehrung ist für die Baumschulen und Gärtnereien eine der wichtigsten Vermehrungsarten zur Gewinnung von Jungpflanzen, und somit liegen hier auch wohl die meisten Erfahrungen vor. Es gibt kaum eine Jahreszeit, in der die Stecklingsvermehrung ganz ruht. Das heißt allerdings nicht, daß jede Art zu jeder Jahreszeit vermehrt werden kann, sondern es ist vielmehr so, daß die einzelnen Arten in verschiedenen Reifestadien der Triebe vermehrt werden.

Es gibt z. B. Arten, die am besten als weiche, krautartige Stecklinge wachsen von Mutterpflanzen, die im Winter vorsichtig angetrieben worden sind Andere Arten wiederum wachsen am besten aus halbharten Stecklingen und wiederum andere aus harten ausgereiften.

Das Stecklingsmaterial wird in der Regel aus dem oberen bzw. äußeren Teil wüchsiger, gesunder Mutterpflanzen gewonnen. Sie sollten immer kräftig gewachsene Kopf- oder Seitentriebe auswählen mit nicht zu langen Internodien (Zwischenräume zwischen Augen oder Augenpaaren). Es ist eine alte Faustregel: Ein kräftiger Steckling bringt auch eine kräftige Jungpflanze.

Die für unsere Zwecke ergiebigste Vermehrungszeit ist die Zeit ab Ende Juni. In dieser Zeit werden die meisten sommergrünen Laubgehölze aus halbreifen Trieben gesteckt. Im August beginnt dann die Zeit für die immergrünen Laubgehölze aus ausgereiften (harten) Trieben. Für die Vermehrung der Nadelgehölze ist eine günstige Zeit kurz vor dem Austrieb oder dann wieder ab August von ausgereiften Triebspitzen.

Das Stecklingsmaterial für die „Halbharten" sollten Sie am besten in den Morgenstunden schneiden, wenn die Triebe noch frisch sind. Achten Sie darauf, daß das Stecklingsmaterial bis zum Stecken nicht schlaff wird. Man sollte immer nur soviel Material schneiden, wie man in absehbarer Zeit verarbeiten kann.

Der eigentliche Steckling wird aus dem Mittelteil der eingesammelten Triebe genommen. Die

obere weiche Spitze wird unmittelbar über einem Auge abgeschnitten, da es sonst eventuell zu Fäulnis kommt. Das untere zu stark verholzte Ende wird ebenfalls unmittelbar unter einem Auge abgeschnitten, da an dieser Stelle die beste Bewurzelung erfolgt. Geschnitten wird mit einem sehr scharfen Messer oder aber mit einer guten Schere.

Die Länge des Stecklings hängt stark von der Pflanzenart ab. Bei Trieben mit sehr eng stehenden Blättern können die Stecklinge kürzer, bei sehr weit auseinanderstehenden Blättern müssen die Stecklinge zwangsläufig etwas länger sein. In jedem Fall sollten wir pro Steckling etwa 3 bis 5 Augen haben. Bei uns schwankt die Länge der Stecklinge für Laubgehölze zwischen ca. 5 bis 8 cm. Die unteren Blätter, die normalerweise

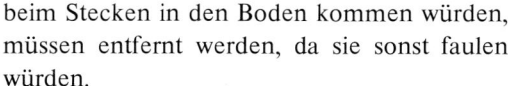

beim Stecken in den Boden kommen würden, müssen entfernt werden, da sie sonst faulen würden.

Gesteckt wird in Blumentöpfe, Handkisten, die so hoch sein sollten, daß man eine Glasscheibe auflegen kann, ohne die Stecklinge zu berühren, oder aber in ein Frühbeet draußen im Garten. Sie sollten aber die Stecklinge nicht einfach in das Substrat drücken, sondern bohren Sie das Loch vorher mit einem Pikierstab (Bleistift) vor, setzen dann den Steckling ein und drücken ihn gut mit Daumen und Zeigefinger an. Sie sollten darauf achten, daß die Stecklinge nicht zu dicht stehen, denn Sie müssen damit rechnen, daß die Stecklinge nach dem Bewurzeln anfangen zu treiben. Auch dann müssen die jungen Pflanzen noch Platz haben.

Nach dem Stecken wird vorsichtig, aber durchdringend gewässert. Danach müssen Sie versuchen, noch auf irgendeine Art einen gewissen „Gewächshaus-Effekt" zu erzielen. Wenn Sie sie in einen Blumentopf stecken, stülpen Sie einfach ein Einmachglas über die Stecklinge, und Sie haben ein Minigewächshaus, bei einer Handkiste legen Sie eine Glasscheibe auf oder schlagen die ganze Kiste in Folie ein. Beim Frühbeet im Garten legen Sie die Fenster auf.

In der Folgezeit ist es nun wichtig, daß die Stecklinge immer gleichmäßig feucht bleiben und die Temperaturen nie zu hoch sind, deshalb schattieren oder an schattigem Platz aufstellen. Wenn nun die Stecklinge erste Triebe bringen, ist das meistens ein Zeichen, daß auch die Wurzelbildung eingesetzt hat. Von diesem Zeitpunkt an,

wird leicht gelüftet, bis die Wurzelbildung ausreichend ist, und danach werden die Pflanzen
vollkommen frei aufgestellt. Vorsicht, daß es
keinen Sonnenbrand an den weichen Stecklingen gibt. Wenn die Jungpflanzen genug abgehärtet sind, können Sie sie herausnehmen und
umpflanzen. Bei manchen Sorten kann das
schon nach 4–6 Wochen der Fall sein.

Das Substrat zum Stecken

Zum Stecken hat sich eine Mischung aus Torf
und Sand sehr gut bewährt. Torf und Sand
werden zu gleichen Teilen gut vermischt. Der
Torf hierbei sollte nicht zu grobkörnig sein, der
Sand nicht zu hohe Lehmanteile haben, sondern
sauber sein (scharfer Sand).

Besonderheiten bei Nadelholzstecklingen

Bei den Nadelholzstecklingen werden im
Gegensatz zu den halbharten Laubgehölzsteck-
lingen immer nur Triebspitzen verwendet. Diese
werden unmittelbar vor dem Austrieb von der
Mutterpflanze abgeschnitten und sofort verarbeitet. Zu diesem Zweck wird der Steckling
mit einem sehr scharfen Messer von der Basis
des Zweiges her mit einem ziehenden Schnitt
abgetrennt. Die unteren zwei – drei Zentimeter
des Stecklings werden von den eng stehenden
Nadeln befreit, damit er fester im Boden steht.
Zu lange oder schon ausgetriebene Spitzen können Sie bei Thuja, Juniperus Chamaecyparis
usw. ohne Schaden entfernen. Stecklinge von
Nadelhölzern und von immergrünen Laubhöl-
zern sollte man immer von denen der sommer-

grünen Laubhölzer getrennt stecken, da die ersteren wesentlich langsamer wurzeln. Was bis zum Herbst noch nicht bewurzelt ist, sollte über Winter einigermaßen frostfrei aufbewahrt werden.

Die weitere Behandlung der bewurzelten Nadelholzstecklinge ist die gleiche, wie bei der vorherigen Gruppe.

Das Steckholz

Das Steckholz ist in gewissem Sinne auch ein Steckling wie die vorigen, jedoch wird hier als Material der ausgereifte Trieb des letzten Sommers im Dezember – Januar verarbeitet. Von dem blattlosen, verholzten Trieb ist die Triebspitze meist wertlos, da sie zu schwach ist. Zugeschnitten wird mit dem scharfen Messer oder mit einer Schere, was erheblich leichter ist.

Die Länge des Steckholzes sollte etwa 15/20 cm betragen. Der Schnitt an der Basis sollte unmittelbar unter einem Auge angesetzt sein. Nach dem Zuschneiden werden die Steckhölzer einigermaßen frostfrei eingeschlagen.

Im Frühjahr kann man sie dann im Freien auf einem gut vorbereiteten Beet ausstecken. Im Herbst kann man dann die bewurzelten Jungpflanzen herausnehmen.

Die Veredlung

Bisher haben wir nur über Vermehrungsmethoden gesprochen, bei denen wir Jungpflanzen erhalten, die auf eigener Wurzel stehen. Bei der Veredlung jedoch werden Teile zweier verschiedener Pflanzen zu einer neuen Pflanze zusammengefügt. Dies ist eine Arbeit, die soviel Fach-

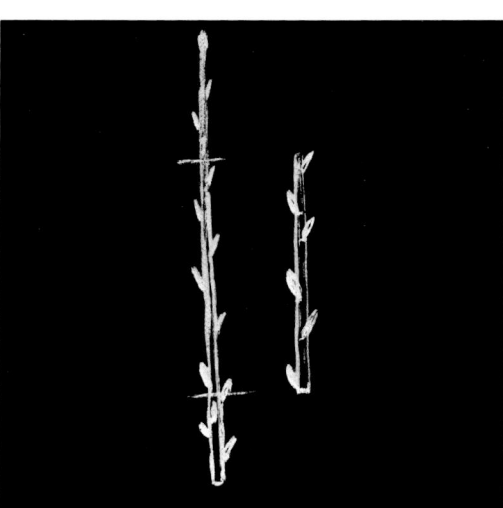

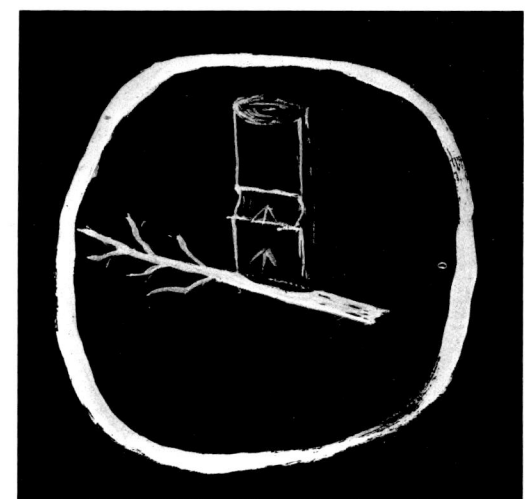

kenntnis und soviel Erfahrung voraussetzt, daß ich hier eigentlich nicht weiter darauf eingehen möchte, denn dieses Buch ist ja nicht in erster Linie für Fachleute sondern für den interessierten Laien geschrieben. Nur eine Art der Veredlung möchte ich hier beschreiben, die auch für die Bonsaifreunde interessant ist.

Das Ablaktieren

Beim Ablaktieren werden auch wie bei allen Veredlungsarten zwei verschiedene Pflanzen zu einer neuen vereinigt, jedoch wird das Edelreis, das aufgesetzt werden soll, bis zur gelungenen Verwachsung noch von der Mutterpflanze ernährt. Das hat den Vorteil, daß wir für die Bonsaianzucht auch etwas stärkere, für unsere Zwecke ausgesuchte Reiser verwenden können.

Der Arbeitsablauf geht etwa folgendermaßen vor sich. Neben die Mutterpflanze werden mehrere Wildlingspflanzen gesetzt, auf die veredelt werden soll. Im Juni ca. wird an dem Edelreis der Mutterpflanze ein schmaler Rindenstreifen entfernt. Ebenso wird an der vorgesehenen Veredlungsstelle an dem Wildling ein ebensolcher Rindenstreifen entfernt. Beide Schnitte müssen haargenau aufeinander passen. Beide Wundstellen werden nun aufeinandergelegt und mit Bast oder mit Veredlungs(Gummi)bändern fest verbunden. Nach dem Verwachsen wird dann das Reis direkt an der Veredlungsstelle von der Mutterpflanze abgeschnitten.

Sitzt nun das Reis an der Mutterpflanze sehr hoch, gäbe es entweder nur einen Hochstamm oder aber wir müßten die Mutterpflanze soweit umlegen, daß das ausgesuchte Edelreis in die Nähe des Wurzelhalses des Wildlings gelangt. Da das aber nicht immer möglich ist, müssen wir unter Umständen den Wurzelhals der Wildlingspflanze in die Nähe des Edelreises bringen, denn nur eine Veredlung auf den Wurzelhals ist für uns von Wert. Zu diesem Zweck verwenden wir eingetopfte, fest eingewurzelte Jung- oder Wildlingspflanzen und bringen sie in unmittelbare Nähe des Edelreises wo der Topf auf einem Pfahl oder ähnlichem befestigt wird, dann kann die Arbeit wie beschrieben, vonstatten gehen.

Diese Art der Veredlung hat aber in der Bonsai-Gestaltung außer zu Anzucht und Gewinnung von Pflanzenmaterial auch noch einen anderen Anwendungsbereich. Wir können diese Methode auch anwenden, wenn es darum geht, an einem guten Stück Astkorrekturen vorzunehmen, wenn irgendwo in der Krone eine Kahlstelle ist. Auf diese Art können wir einen neuen Ast einsetzen, und zwar ohne großes Risiko, denn sollte es nicht auf Anhieb gelingen, können wir ohne weiteres einen neuen Versuch mit dem gleichen Material starten, da uns das Reis erhalten bleibt.

3.6 Vermehrung durch Samen

Eine der langwierigsten Methoden, Jungpflanzen zur Bonsai-Gestaltung zu gewinnen, ist die Vermehrung durch Samen. Die Aussaat erfolgt in Schalen, Töpfen oder im Frühbeet. Die beste Zeit für die meisten Gehölzsamen ist das zeitige Frühjahr, jedoch zeitlich so, daß die Spätfröste

den jungen Sämlingen nichts mehr anhaben können. Der zweite wichtige Zeitpunkt für die Aussaat ist der Spätsommer und Herbst, zu dem alle Saaten ausgebracht werden, die eine sehr kurze Keimfähigkeit haben.

Sollte die Aussaat aus irgendwelchen Gründen im Herbst nicht mehr möglich sein, so müssen die Samen teilweise von ihrem Fruchtfleisch befreit werden und anschließend in leicht feuchtem Sand eingeschichtet (stratifiziert) werden bis zum Frühjahr. Andere wiederum müssen trocken gelagert werden.

Für alle trocken gelagerten Saaten ist es gut, sie vor der Aussaat 1–2 Tage in Wasser zu legen und quellen zu lassen, damit sie schon vorkeimen. Samenkörner, die an der Wasseroberfläche bleiben, brauchen Sie gar nicht erst auszusäen, denn diese sind meistens taub.

Das Erdsubstrat ist für fast alle Aussaaten ähnlich beschaffen. Achten müssen Sie auf gute Wasser- und Luftdurchlässigkeit. Es sollte nicht verkrusten an der Oberfläche und besonders für feine Saaten nicht zu grobkörnig sein. Viele gehen deswegen her und nehmen das gleiche Gemisch wie bei der Stecklingsvermehrung, – ein Torf-Sandgemisch zu gleichen Teilen. Da diese Mischung jedoch sehr nährstoffarm ist, empfiehlt sich unter dieser Aussaatschicht eine humose, durchlässige Schicht normaler Gartenerde und darunter eine Schicht aus Feinkies ($\emptyset$ 3–5 mm) oder ähnlichem Material, damit das Wasser gut abziehen kann.

 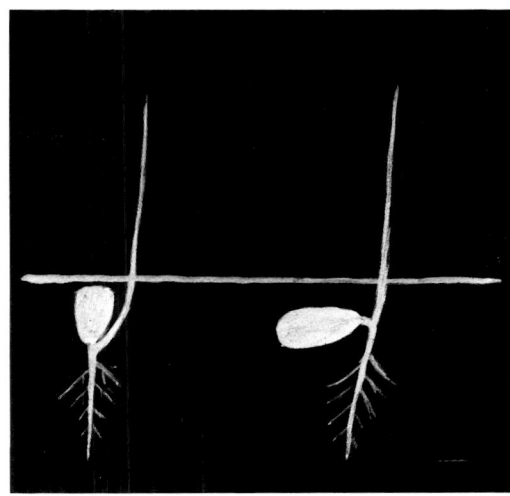

Bei Aussaaten in Gefäßen werden die einzelnen Erdschichten eingebracht und leicht angedrückt. Die oberste Torf-Sandmischung wird in einer Stärke von 3–4 cm aufgebracht, oberflächlich geglättet und ebenfalls leicht mit einem Brettchen angedrückt. Damit ist das Gefäß einsaatfertig.

Bei Aussaaten im Frühbeet wird der Boden zunächst tiefgründig durchgearbeitet und dann an der Oberfläche mehrmals mit einem Rechen abgezogen bis die Krümelung möglichst fein ist. Danach ist es ratsam, ebenso wie im Gefäß, eine Torf-Sandmischung in einer Stärke von 3 bis 4 cm aufzutragen und leicht anzudrücken.

Nach diesen Vorarbeiten können wir mit der Aussaat beginnen. Eingeweichtes Saatgut sollte soweit abgetropft sein, daß es nicht mehr zusammenklebt. Bei Saaten, die im feuchten Sand eingelagert waren, sollten Sie die Samenkörner mit einem Teil des Sandes vermischen, das verhindert zu dichtes Aussäen. Sie müssen immer daran denken, daß die Sämlinge nach dem Auflaufen immerhin eine ganze Menge an Blattwerk bringen, und dieses Blattwerk jeder einzelnen Pflanze benötigt Platz, um sich ausdehnen zu können. Wenn Sie zu dicht aussäen, dann sind die Sämlinge gezwungen, sich nach dem Licht zu strecken, sie werden lang, dünn und schwach.

In solch einem Fall besteht auch eine erhöhte Gefahr von Krankheiten. Es ist dann ratsamer, einen Teil der Sämlinge herauszuziehen, damit die verbleibenden genügend Platz haben. Bei grobkörnigen Saaten ist es relativ einfach, den richtigen Abstand zu bekommen, da man sie einzeln legen kann. Eicheln und ähnliche Früchte sollten Sie nach Möglichkeit flachliegend einlegen um später einen möglichst glatten Wurzelhals zu bekommen.

Wenn Sie nun die Samen ausgestreut oder ausgelegt haben, drücken Sie sie leicht an und bedecken die ganze Oberfläche mit einer etwa ½ cm starken Schicht aus gewaschenem Sand (Rheinsand). Es gibt eine alte Faustregel, die besagt, daß man die Samenkörner mit einer Schicht abdecken soll, die dreimal so stark ist, wie der Durchmesser der Körner.

Nach dem Abdecken der Saaten, wird alles vorsichtig gewässert und an einem absonnigen (viel Licht, aber keine pralle Sonne) Standort aufgestellt. Von jetzt an darf die Erde nicht mehr austrocknen, da sonst die frischen Keimlinge absterben würden, oder die Samenkörner wieder in eine Keimruhe verfallen und dann ein Jahr im Boden ruhen. Anstelle von Sand können Sie auch eine dünne Schicht aus sehr fein geriebenem Sphagnummoos zum Abdecken nehmen, die jedoch beim ersten Anzeichen von Keimung entfernt werden muß. Sehr wichtig ist es auch, die Saaten nach dem Aufstellen gegen Vogel- und Mäusefraß zu schützen. Das kann geschehen durch Auflegen von Glasscheiben oder Fliegendrahtnetzen.

Da viele Sorten eine recht unterschiedliche Keimdauer haben, sollten Sie die Sorten jede für sich in ein Gefäß säen, oder aber im Frühbeet die schnellen Keimer getrennt von den langsamen Keimern aussäen, da es sonst bei der weiteren

Behandlung recht schwierig wird. Wenn Sie z. B. zwei ungleichmäßige Keimer in einem Gefäß haben, wird es in dem Moment schwierig, wo die schnellen Keimer aufgehen. Die eine Sorte, die dann schon aufgegangen ist, braucht mehr Wasser als die andere, die noch im Boden liegt, die eine braucht noch Halbschatten, wogegen die andere schon Sonne benötigt usw. Bei getrennter Aussaat gibt es diese Probleme nicht, da kann man jede Sorte einzeln behandeln.

Die Weiterbehandlung der Sämlinge beschränkt sich im ersten Jahr meist auf Gießen, Schattieren und leichte Düngung im Sommer. Ansonsten bleiben die Sämlinge ein Jahr in der Vermehrung stehen, damit sie sich möglichst kräftig entwickeln können. Manche, sehr schwach wachsende Sorten benötigen sogar bis drei Jahre

Pinus nigra
Schwarzkiefer
ca. 35–40 Jahre alt

im Vermehrungsbeet, bis sie kräftig genug sind zum Umpflanzen. Alle Aussaaten sollten im Winter einen leichten Frostschutz bekommen und im Sommer vor brennender Sonne geschützt werden.

Zum Schluß möchte ich noch kurz etwas zur gesamten Vermehrung und Pflanzengewinnung sagen: Wir haben es mit einem lebenden und dazu teilweise noch mit einem sehr empfindlichen Material zu tun und wir müssen daher von vornherein mit Rückschlägen hier und da rechnen. Diese gelegentlichen Mißerfolge sollten uns aber nicht entmutigen, sondern sie sollten uns eher anregen, zu überlegen oder uns zu informieren, was falsch gewesen sein könnte, denn gerade in der Vermehrung sind wir von so vielen Faktoren abhängig, die wir teilweise nur rein gefühlsmäßig erfassen können. Den meisten fehlt eben diese Erfahrung, die man einfach braucht!

Wir befassen uns in der Bonsaianzucht immer nur mit einigen wenigen Stücken. Es wäre töricht, wenn wir nur drei Stecklinge machen würden, weil wir drei Bonsai heranziehen wollen. Wie vorhin schon gesagt, müssen wir mit einem gewissen natürlichen Ausfall rechnen, und deswegen mehr Material heranziehen, als wir letztendlich für unsere Bonsai benötigen. Der Ausfall liegt ja nicht nur im Saat- oder Stecklingsbeet, sondern wir müssen ja später unter den Jungpflanzen auch wieder aussortieren, was für unsere Zwecke nicht geeignet ist.

4 Das Eintopfen

Mit diesem Kapitel möchte ich einsteigen in die eigentliche Bonsai-Gestaltung, denn schon das Eintopfen der gewonnenen Jungpflanzen oder gesammelten Pflanzen mit allen seinen Nebenarbeiten ist ein erster Schritt auf dem langen Weg zu einem guten Bonsai. Wir haben erfahren, wie ein guter Bonsai aussieht und welche charakteristischen Merkmale er aufweisen muß und nun haben wir eigene, selbst gezogene oder gesammelte Pflanzen, die wir weiter erziehen wollen zu einem Bonsai. Zu diesem Zweck werden wir die Pflanzen aus verschiedenen Gründen in ein Gefäß einpflanzen, denn in einem Gefäß ist eine Pflanze immer beweglich und dadurch bei den Arbeiten, die wir in der Folge an der Pflanze ver-

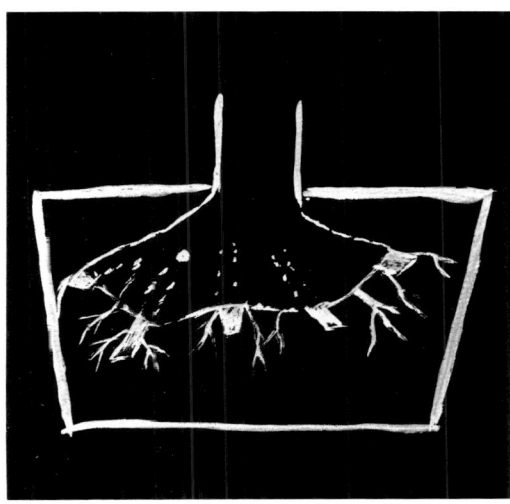

richten müssen, leichter zu handhaben. Des weiteren kommt hinzu, daß die Pflanzen, mit denen wir es in diesem Stadium zu tun haben, meistens nur einen sehr schwachen oder gar keinen Wurzelballen haben. Durch das Eintopfen und das anschließende Wachsen im Gefäß bildet sich jedoch ein fester Wurzelballen aus, der genau die Form des verwendeten Gefäßes annimmt.

Sie werden bemerkt haben, daß ich hier nur ganz allgemein von Gefäßen spreche, und nicht von Bonsaischalen. Das hat seinen Grund, denn beim allerersten Eintopfen der Sämlinge, Stecklinge oder der gesammelten Pflanzen spielt das Gefäß nur eine sehr untergeordnete Rolle. Im ersten Jahr geht es meistens nur darum, daß die Pflanze überlebt und einen möglichst guten

Wurzelballen bildet. Sie können fast alle gebräuchlichen Pflanzgefäße nehmen, seien sie aus Holz, Ton oder Plastik. Natürlich müssen sie am Boden die notwendigen Abzugslöcher haben. Die Größe der Gefäße kann sehr unterschiedlich sein, und sie hängt einmal von der Größe der Jungpflanze und zum anderen von der Art der Bewurzlung ab. So können wir für Sämlinge und Stecklinge meistens relativ kleine und flache Gefäße verwenden. Für Pflanzen aus der Vermehrung durch Ableger, Absenker und Steckhölzer benötigen wir in der Regel schmale hohe Becherformen. Schwierig wird es oft bei den gesammelten Pflanzen, da diese meistens ein sehr tiefes und sparriges Wurzelwerk haben.

In diesem Fall sollten Sie das Gefäß so wählen, daß der Wurzelballen hineinpaßt, ohne daß Sie

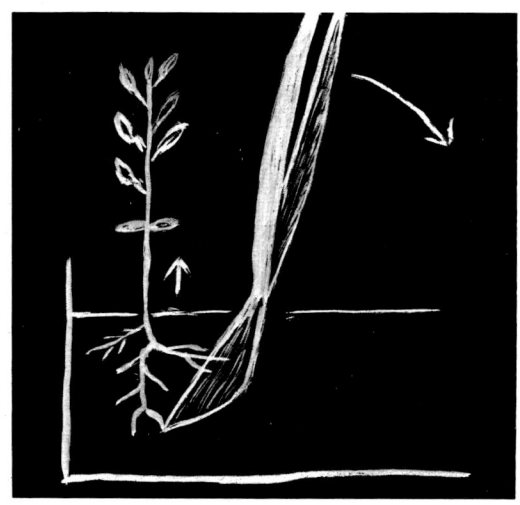

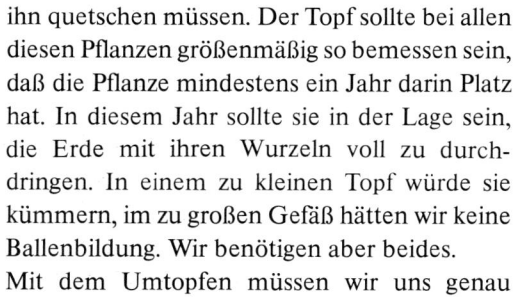

ihn quetschen müssen. Der Topf sollte bei allen diesen Pflanzen größenmäßig so bemessen sein, daß die Pflanze mindestens ein Jahr darin Platz hat. In diesem Jahr sollte sie in der Lage sein, die Erde mit ihren Wurzeln voll zu durchdringen. In einem zu kleinen Topf würde sie kümmern, im zu großen Gefäß hätten wir keine Ballenbildung. Wir benötigen aber beides.

Mit dem Umtopfen müssen wir uns genau dem Rhythmus der Pflanze anpassen. Ich glaube, es käme wohl niemand auf die Idee, mitten im Hochsommer draußen Bäume oder Sträucher zu verpflanzen. Das würde sicherlich ein Fehlschlag. Da wir es hier aber mit Bäumen und Sträuchern zu tun haben, sollten wir uns möglichst an die bekannten Pflanzzeiten halten, nämlich Frühjahr und Herbst, die Ruhezeiten der Pflanzen. Teilweise sind die Topftermine ja auch schon vorgegeben durch die Art der Vermehrung.

5 Erdmischungen

Ein Problem, das sehr vielen immer wieder Kopfzerbrechen bereitet, ist die Frage nach dem Erdsubstrat. Es gibt in fast allen bisher erschienenen Bonsaibüchern mehr oder minder gute Tabellen und Rezepte über Erdmischungen und Erdkörnungen, mit denen der Leser dann im Endeffekt recht wenig anfangen kann. Hier in unserem Fall zum Thema „Eintopfen von Jungpflanzen bzw. gesammelten Pflanzen" möchte ich etwa folgendes sagen: Da wir es in unserem

Acer buergerianum
Dreispitzahorn
Herbstfärbung
ca. 30 Jahre alt

Fall mit kleinen, schwachen Pflänzchen zu tun haben, die noch einen kräftigen Zuwachs benötigen, um zu einer starken Pflanze heranzuwachsen mit der wir etwas anfangen können, benötigen wir auch kräftige Erde. Das könnte z. B. eine kräftige, humose Gartenerde sein. Nur ist darauf zu achten, daß sie eine gute Luft- und Wasserführung besitzt. In Gegenden mit sehr lehmhaltigen Böden kann man das erreichen durch Zugabe von Lauberde, Weißtorf und Sand. Die Erde darf auf keinen Fall beim Gießen verschlämmen und verkrusten.

Wenn Sie nun die Stecklinge, Sämlinge, Ableger usw. aus der Vermehrung herausgenommen, und die Erde und das Gefäß gerichtet haben, dann beginnt die eigentliche Arbeit des Eintopfens. Beim Entnehmen der Pflanzen von ihrem eigentlichen Standort, sollten Sie darauf achten,

daß möglichst viel Erde an den Wurzeln hängen bleibt. Achten Sie auch darauf, daß die Wurzeln niemals austrocknen während der Arbeit. Das kann für eine Reihe sonst robuster Arten der Tod sein. Deswegen sollten Sie diese Arbeiten niemals in der prallen Sonne ausführen, sondern immer an einem schattigen, nicht so zugigen Platz. Der eigentliche Topfvorgang ist wohl den meisten bekannt. Er ist im Prinzip der gleiche, wie bei normalen Topfpflanzen. Das Abzugsloch im Boden des Gefäßes wird mit einer Tonscherbe oder ähnlichem abgedeckt, damit später die Erde nicht herausrieseln kann, danach wird das Gefäß zum Teil mit Erde gefüllt. In unserem Fall ist es wichtig, die Erde so hoch einzufüllen, daß die Pflanze, in der richtigen Höhe im Gefäß mit sternförmig gespreizten Wurzeln aufsitzt. Danach wird die restliche Erde eingefüllt und

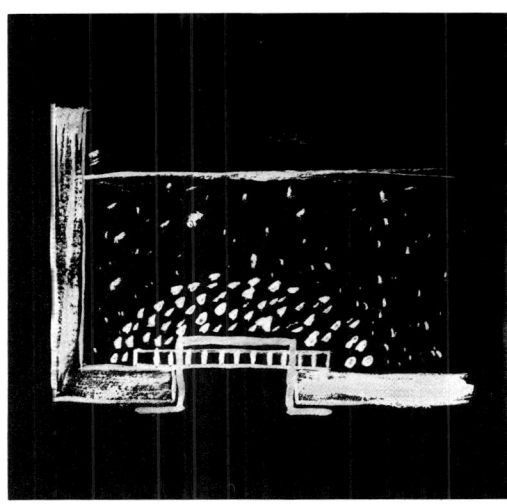

leicht angedrückt, damit die Pflanze fest steht. Dieses Wurzelspreizen wirkt sich später bei der Ausbildung des Wurzelhalses vorteilhaft aus.

Beim Eintopfen von gesammelten Pflanzen gehen wir zunächst ähnlich vor, doch haben wir es hier mit einem ganz anders gearteten Wurzelwerk zu tun. Hier gibt es oft sehr unregelmäßige Wurzelballen mit starren Wurzeln und Höhlungen, und deswegen ist es sehr wichtig, daß beim Eintopfen darauf geachtet wird, daß alle Höhlungen mit Erde ausgefüllt werden. Bei diesen Pflanzen ist es aber auch wichtig, zu lange Äste zurückzuschneiden, damit das Gleichgewicht zwischen Astkrone und Wurzelkrone wieder hergestellt wird, denn beim Ausgraben verliert die Pflanze einen großen Teil ihrer Wurzeln, und sie wäre nicht in der Lage, eine zu große Astkrone zu ernähren.

Nach dem Eintopfen wird gründlich gegossen und das Gefäß an einem halbschattigen Platz aufgestellt. Sollten Sie ein kleines Gewächshaus oder ein Frühbeet oder ähnliches haben, so wären das ideale Stellplätze. Sobald die Pflanze anfängt, frisch zu treiben, muß gelüftet und abgehärtet werden. Nachdem die Wurzelbildung kräftig genug ist, können Sie leicht düngen.

6 Das Umtopfen

Wenn Sie nun stolzer Besitzer von selbst gezogenen Jungpflanzen geworden sind, oder wenn Sie schon einen „fertigen Bonsai" haben, dann wird sich für Sie auch eines Tages das Problem des Umtopfens aufwerfen. Es ist nicht etwa so, wie viele glauben, daß der Bonsai irgendwann einmal in seine Schale eingepflanzt wird, und dann hat er gefälligst darin zu bleiben bis in ewige Zeiten. Das würde höchstens eine gewisse Zeit gut gehen und dann würde die Pflanze, gleich welcher Art auch immer, blaß und krank werden. Also können wir aus dieser Tatsache, die ja wohl allen bekannt ist, den Schluß ziehen, daß es zwingende Gründe geben muß, die Pflanzen umzutopfen. Von Ihren Topfpflanzen her kennen Sie bestimmt alle die Erscheinung, daß die Pflanzen nach einer gewissen Zeit in ihrer Entwicklung nachlassen und anfangen zu kümmern. Viele versuchen dann ihr Glück indem sie mit Dünger irgendwelcher Art nachhelfen. Das hilft dann aber meistens auch nur kurze Zeit. Wenn dann garnichts mehr hilft, dann wird als letzte Rettung umgetopft, und siehe da, es funktioniert. Würden sich viele Pflanzenliebhaber dazu entschließen, ihre Pflanzen regelmäßig umzutopfen, dann hätten sie weit weniger Ärger und Fehlschläge. Genau so ist es auch bei den Bonsai: Haben wir z. B. junge Pflanzen, vielleicht sogar aus eigener Vermehrung, so sollten wir z. B. jährlich umtopfen, damit sie immer in einer frischen, recht kräftigen Erde stehen. Nur so kann sie den Zuwachs bringen, den wir in den ersten Jahren benötigen, damit wir genügend Stamm und Astwerk bekommen zum Aufbau der von uns gewünschten Form.

Ein anderer Grund zum Umtopfen ist es z. B., wenn wir unsere Jungpflanzen aus dem Anzuchtgefäß jetzt in eine passende Bonsaischale bringen wollen.

Nun müssen nicht nur die jüngeren Bonsai umgetopft werden, sondern auch die alten und „fertigen" Bonsai verlangen in gewissen Zeitabständen nach frischer Erde. Sie zeigen den Zeitpunkt dadurch an, daß es höchste Zeit wird, oder daß der beste Zeitpunkt eigentlich schon verpaßt ist, durch ein Nachlassen der Blatt oder Nadelfärbung oder der allgemeinen Wuchsfreudigkeit. Oftmals sieht man aber auch, daß sich der ganze Wurzelballen langsam aus der Schale heraushebt. Nimmt man solch einen Wurzelballen einmal ganz heraus, so muß man sich schon anstrengen, wenn man unter diesem Wurzelfilz noch Erde entdecken will. Jedem wird klar sein, daß eine Pflanze so nicht gesund wachsen kann.

Es kommt nun aber immer mal wieder vor, daß die Erde in der Schale auf irgend eine Art verdorben ist, sei es, daß sie durch Staunässe versauert ist, oder daß sie durch Düngung oder Gießwasser versalzen ist. In diesem Fall muß sofort umgetopft werden, da sonst das Wurzelwerk geschädigt würde.

Letztendlich werden Bonsai aber auch umgetopft, um einfach die Schale zu wechseln, weil man eine gefunden hat, die einem besser gefällt oder weil die alte zerbrochen ist.

Die richtige Zeit zum Umtopfen ist die gleiche, wie für das Eintopfen, nämlich Frühjahr oder Spätsommer bis Herbst, wobei die sommergrünen Laubgehölze immer in unbelaubtem Zustand umgetopft werden sollten und da wiederum ist der optimalste Zeitpunkt unmittelbar vor dem Austrieb. Das gleiche gilt ebenso für die immergrünen Nadel- wie Laubhölzer. Für diese ist eine weitere günstige Zeit August bis September, da sie dann noch Zeit haben, vor dem Winter anzuwachsen. Abweichen sollte man von diesen Zeiten eigentlich nur, wenn es unbedingt notwendig ist, sei es, daß eine Schale zerbrochen ist oder die Erde verdorben ist oder ähnliches.

Bevor wir nun aber mit der eigentlichen Arbeit beginnen, müssen wir noch einige Vorbereitungen treffen, damit wir dann später alles griffbereit zur Hand haben. Da ist zunächst einmal die neue Erde, in die wir den Bonsai eintopfen wollen. Was gibt es hier nicht alles für verschiedene Meinungen und Rezepte über die Zusammenset-

zung der einzelnen Erdsorten und Erdmischungen. Wenn ich manche Abhandlungen über die verschiedenen „Bonsai-Erden" lese, dann sehe ich im Geiste ein großes Labor vor mir mit hunderten von Erden, die dann peinlichst genau gewogen, gesiebt, gemischt und vermengt werden von Leuten in weißen Kitteln und schwarzen Hornbrillen und all die Bonsailiebhaber stehen in sicherer Entfernung und schauen verständnislos zu. So ist es aber doch in der Praxis gar nicht. Diese vielen aufgeführten Ton-, Lehm- oder Sandsorten stehen doch den meisten Bonsai-Bastlern gar nicht zur Verfügung. Worauf müssen wir aber nun achten, wenn wir unsere Erde mischen. Vorweg ein kleiner Tip, der Ihnen helfen kann, zu erfahren, welche Struktur die Erde in etwa haben sollte, die Sie sich mischen wollen. Schauen Sie sich die alte Erde an, in der Ihr

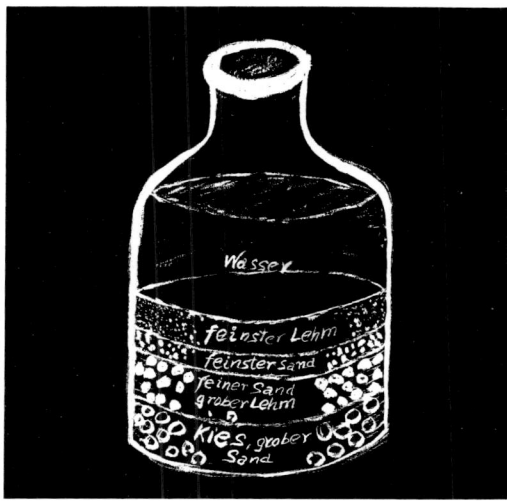

Bonsai steht. Zerreiben Sie sie zwischen den Fingern, dann merken Sie, ob die Erde sehr lehmhaltig ist oder ob sie sehr viel Sand enthält. Das ist schon einmal ein Hinweis auf die Materialien, die Sie benötigen. Genauer noch können Sie die Erde aufschlüsseln, wenn Sie eine durchsichtige Glasflasche zur Hälfte mit der alten Erde füllen, dann auffüllen mit Wasser und etwa eine ¼ Stunde gut durchschütteln, bis sich alle Erdklumpen gelöst haben. Wenn Sie nun die Flasche aufrecht ruhig stehen lassen, dann können Sie nach einer gewissen Zeit, nachdem sich die ganzen gelösten Schwebestoffe im Wasser abgesetzt haben, genau ablesen, wieviel Teile Sand, Erde, Lehm usw. die Erde enthält, in der der Bonsai steht, den Sie umtopfen wollen.

Damit haben Sie gewissermaßen schon ein Rezept, was die Struktur der Erde angeht.

Es kommt natürlich auch sehr auf die Pflanzenart an, welche Erdmischung wir nehmen müssen. Hier finden wir auch leicht Anhaltspunkte, indem wir uns in der freien Natur umschauen. So finden wir die Kiefern und Wacholder zum Beispiel in sehr sandigen Gegenden, das heißt, für uns, wir sollten unsere Erdmischungen entsprechend leichter, luftiger und durchlässiger halten. Die Buche, Aprikose und Eibe finden wir an ihren natürlichen Standorten auf recht schweren, lehmhaltigen Böden, was für uns wiederum heißt, daß wir unseren Erdmischungen mehr Lehm zusetzen sollten, damit sie schwerer und bindiger werden. Von diesen wenigen Erdsorten, sollten Sie sich einen Vorrat zulegen, damit

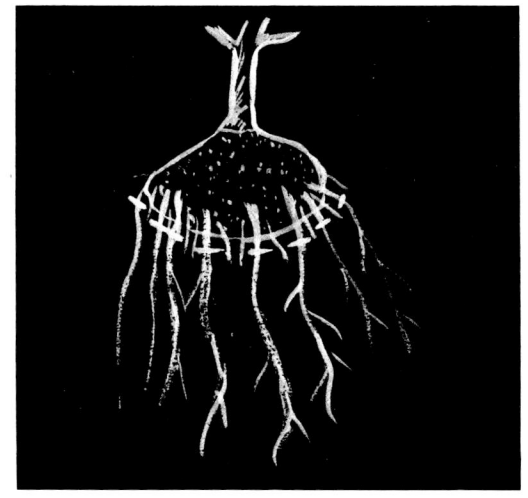

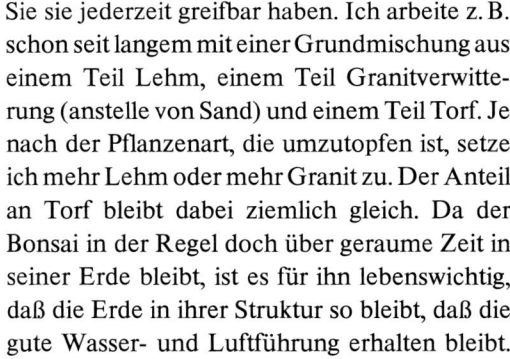

Sie sie jederzeit greifbar haben. Ich arbeite z. B. schon seit langem mit einer Grundmischung aus einem Teil Lehm, einem Teil Granitverwitterung (anstelle von Sand) und einem Teil Torf. Je nach der Pflanzenart, die umzutopfen ist, setze ich mehr Lehm oder mehr Granit zu. Der Anteil an Torf bleibt dabei ziemlich gleich. Da der Bonsai in der Regel doch über geraume Zeit in seiner Erde bleibt, ist es für ihn lebenswichtig, daß die Erde in ihrer Struktur so bleibt, daß die gute Wasser- und Luftführung erhalten bleibt.

Ich gebe hier mit Absicht keine fertigen Rezepte, sondern ich bin der Meinung, daß es besser ist, wenn man sich die Zusammenhänge klarmacht, wie ich sie oben beschrieben habe und dann sein Material zusammenträgt. Fertige Rezepte haben immer nur Gültigkeit in einer be-

stimmten Gegend, wo diese Erden nun gerade anzutreffen sind. Hinzu kommt noch, daß die allermeisten Arten eine leichte Verschiebung der Bestandteile innerhalb einer Erdmischung ohne weiteres verkraften werden. Schauen Sie sich nur einmal normale Baumschulgehölze an, die aus Holland, Oldenburg oder Holstein kommen. Auf was für fremde Böden werden die verpflanzt und sie wachsen doch. Haben wir bis jetzt über die Zusammensetzung der Erden gesprochen, so müssen wir jetzt noch kurz zu sprechen kommen auf die verschiedenen Erdschichten innerhalb des Gefäßes. Auf dem Grund des Gefäßes sollten wir eine Drainageschicht haben, damit das überschüssige Gießwasser möglichst rasch und ungehindert abziehen kann. Das ist im Grunde auch nichts „Bonsai-typisches" sondern das wurde und wird bei uns auch gemacht mit

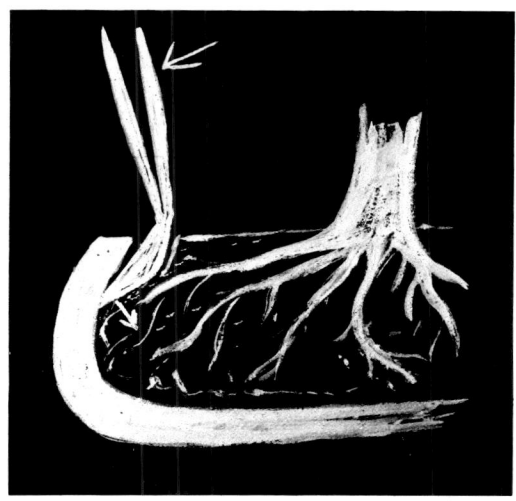 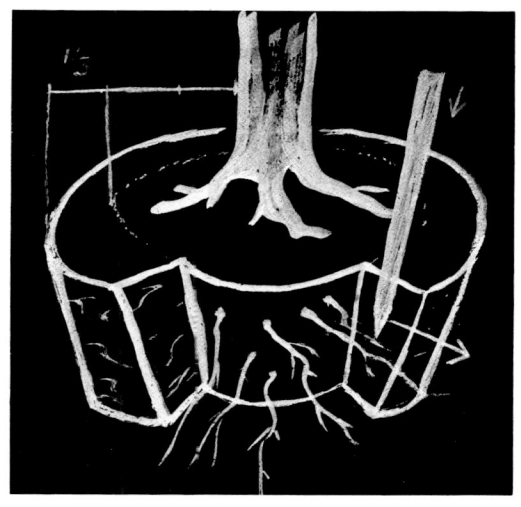

einer Handvoll Tonscherben. In unseren flachen Bonsaischalen würden die Tonscherben jedoch viel zu stark auftragen, deswegen nehmen wir Materialien wie Aquarienkies, feinkörnigen Blähton oder ähnliches geeignetes Material. Auf diese Drainageschicht bringen wir nun die eigentliche Bonsai-Erde, in der er dann auch wurzelt und wächst. Über diese Schicht ziehen wir eine nur wenige Millimeter starke Lage ausgesiebter feiner Erde, die die Poren der Oberfläche schließt und die Moosbildung erleichtert.

Wenn nun die Erden soweit gerichtet sind, gehen wir daran, die Pflanzen zum Umtopfen vorzubereiten. Dazu ist es gut, wenn die Pflanzen ein bis zwei Tage vorher nicht gegossen werden, damit die Erde möglichst trocken ist. Die Pflanze löst sich dann leichter aus der Schale,

weil der trockene Wurzelballen etwas schrumpft. Haben Sie ein Gefäß bei dem der obere Rand nach innen eingezogen ist, so müssen Sie mit einem Spachtel oder der Schaufelpinzette unter den Rand greifen, und durch hebeln das Wurzelwerk in diesem Bereich lockern. Versuchen Sie bitte nicht durch Ziehen und Zerren am Stamm, den Wurzelballen aus der Schale herauszubekommen. Sie laufen dann Gefahr, daß Sie viele Wurzeln am Stamm abreißen.

Nachdem Sie nun die Pflanze aus dem Gefäß herausgenommen haben, werden Sie feststellen, daß der ganze Wurzelballen eingesponnen ist, in einen dichten Filz aus Wurzelwerk. Diesen Filz müssen Sie nun auflösen, das heißt, Sie fangen am besten an der Unterseite an und ziehen die

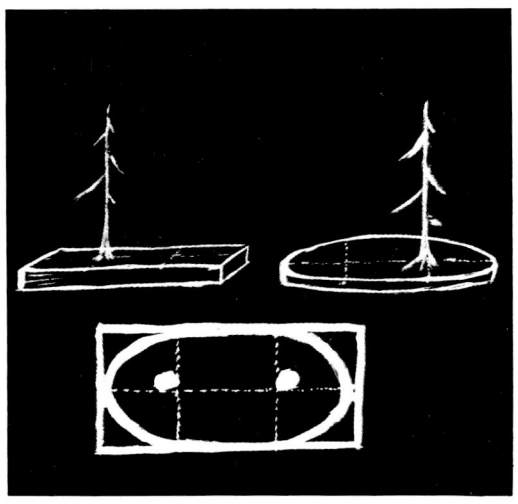

kräftigeren Wurzeln, die immer rund um den Ballen gewachsen sind, vorsichtig auseinander. Dadurch lockert sich der Wurzelfilz schon zu einem Teil. Als Faustregel können Sie sich vielleicht merken: Es wird in der Regel etwa ein Drittel des alten Erdballens entfernt. Nachdem Sie nun diejenigen Wurzeln auseinander gezogen haben, die Sie einzeln greifen können, versuchen Sie, den Wurzelballen an der Unterseite nach allen Seiten auseinander zu ziehen.

Zum Schluß kratzen Sie mit einem Stab, einem alten Kugelschreiber, einer Kralle oder ähnlichem die Erde soweit wie nötig aus den Wurzeln. Wenn nun die Wurzeln nach allen Seiten frei aus dem Erdkern heraushängen, schneiden Sie sie bis zum Erdkern zurück. Achten Sie bitte darauf, daß die Schnittfläche nach unten zeigt.

Das ist für die neue Bewurzelung besser, denn so bilden sich meistens rund um die Schnittstelle neue Wurzeln. Zeigt die Schnittstelle dagegen nach oben, so haben wir eine Wurzelbildung nur am unteren Ende. Das feine, kürzere Wurzelwerk – die Haarwurzeln – werden nur wenig eingekürzt und später beim Wiedereintopfen schön sternförmig verteilt. Dieser Wurzelschnitt kommt nur in Frage, wenn umgetopft wird.

Nachdem wir nun unsere Erde und unsere Pflanze vorbereitet haben, müssen wir uns Klarheit verschaffen, welche Schale wir nehmen wollen und da sind wir an einem Punkt, an dem unser persönlicher Geschmack entscheidet. Es gibt zwar einige Regeln bezüglich der Größe und der Höhe des Gefäßes, aber diese geben auch nur vage Anhaltspunkte. Dazu kommt noch, daß wir

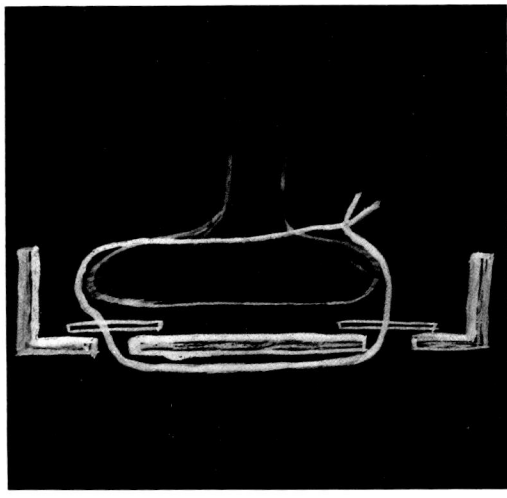

unglasierte und glasierte Keramiken benutzen können, die beide gleichwertig sind. Entscheidend ist, daß die Pflanze und Gefäß zusammenpassen. Niemals sollte jedoch die Schale gegenüber der Pflanze dominieren, sondern sie sollte die Wirkung der Pflanze unauffällig unterstreichen.

Nun ist es oft so, daß wir beim Umtopfen in vielen Fällen die alte Schale wieder nutzen können, es sei denn, der Bonsai ist gegenüber der Schale schon unproportional groß. Dadurch, daß wir ein Drittel des alten Wurzelballens entfernen, haben wir auch in der alten Schale Platz für genügend frische Erde.

Wenn wir uns nun für eine Schale entschieden haben, müssen wir daran gehen, diese zum Wiedereintopfen zu präparieren. Dazu gehört, daß wir die recht großen Abzugslöcher am Boden des Gefäßes abdecken, damit uns die Erde später nicht herausrieselt. Das kann z. B. geschehen mit einer Tonscherbe, einem flachen Kieselstein oder ähnlichem bei einem tieferen Gefäß. Bei einer sehr flachen Bonsaischale, arbeiten wir am besten mit Plastiknetzen oder Stücken von Fliegendraht. Damit diese nun nicht unbemerkt beim Arbeiten verschoben werden, legen wir sie mit einer Drahtschlinge fest. Was jetzt noch an Arbeit zu tun bleibt, ist fast das Gleiche, wie ich es beim Eintopfen beschrieben habe, allerdings mit einigen Besonderheiten. Zunächst wird die Drainageschicht eingefüllt, die den ganzen Schalenboden gut bedecken soll. Bei extrem flachen Schalen, die vielleicht nur einen Rand von 1 bis 2 cm haben, ist es schwer oder kaum möglich, mehrere Schichten einzubringen. In diesem Falle legen wir auf die Netze über den Abzugslöchern kleine kegelförmige Häufchen unseres Drainagematerials. Dadurch wird das Wasser punktförmig abgezogen.

Danach wird die Haupterde eingefüllt und zwar etwa so hoch, daß der Erdballen der umzutopfenden Pflanze oben mit dem Schalenrand abschließt. Ist nun die Erde soweit eingefüllt, dann müssen wir die Pflanze in der Schale richtig placieren. Wenn Sie sich gute Bonsai auf ihre Placierung im Gefäß hin betrachten, dann werden Sie feststellen, daß bestimmte Wuchsformen immer in bestimmten Schalenformen zu finden sind, so finden Sie z. B. Formen wie Chok-kan, Shakan, Hokidachi, Fukinagashi und ähnliche, sehr oft in

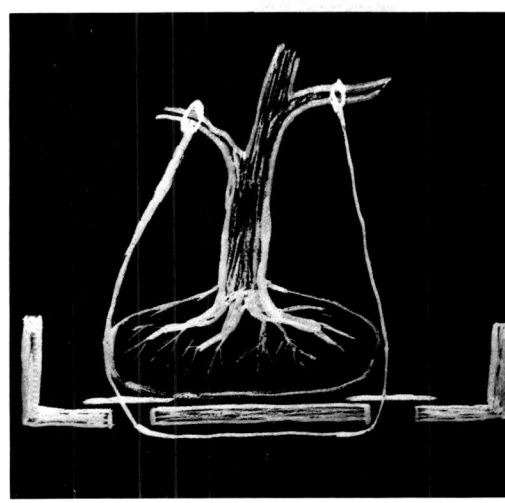

runden oder quadratischen Schalen. In solchen quadratischen oder runden Schalen stehen die Pflanzen immer genau im Mittelpunkt.

Bei den länglichen Schalen, seien sie rechteckig oder oval, würde es sich optisch schlecht machen, wenn wir hier die Pflanze auch genau in die Mitte setzen würden. In diesem Fall ist es besser, sich die Schale in drei Teile in der Länge aufzuteilen. In der Breite denken wir uns die Mittellinie. Der beste Platz für die Pflanzen den wir wählen können, ist der Schnittpunkt der Mittellinie mit der Linie, die das äußere Drittel markiert.

Nachdem wir nun die Pflanze in der Schale placiert haben, füllen wir die Erde vollends auf und stopfen sie gut rund um den Ballen, damit alle Hohlräume ausgefüllt werden. Danach wird die

Oberfläche glattgezogen und die dünne Oberschicht aufgestreut.

Normalerweise gibt es in der Bonsaischale keinen Gießrand, doch würde ich trotzdem raten, einen kleinen Gießrand zu lassen, da Sie es dann beim Gießen leichter haben.

Oft ist es aber so, daß die frisch getopften Pflanzen in der Schale nicht feststehen, weil die Krone im Verhältnis zu ihrem verkleinerten Wurzelballen zu schwer ist. Es besteht dann die Gefahr, daß die Pflanzen aus der Schale herauskippen. Um das zu verhindern, ziehen wir durch die Abzugslöcher einen Draht und verspannen ihn über dem Erdballen möglichst fest.

Nach Abschluß dieser Arbeiten gießen wir die Pflanze mit einer Gießkanne mit sehr feiner Haarbrause vorsichtig aber durchdringend an, da die frische Erde leicht ausgeschwemmt wird.

Nach dem Angießen wird die Pflanze an einem geschützten, halbschattigen Platz aufgestellt, bis sie wieder anfängt zu treiben, dann kann sie wieder an einen sonnigeren Platz gebracht werden. Gedüngt wird nach dem Umtopfen im ersten Jahr entweder garnicht oder nur sehr schwach, da wir mit der neuen Erde genügend Nahrung zugeführt haben.

7 Der Schnitt der Gehölze
Grundsätzliches

Nachdem wir uns nun Pflanzen verschiedener Art und Herkunft gesammelt oder herangezogen haben, stellt sich für uns das Problem der Gestaltung, denn von sich aus wachsen die Pflanzen ja nicht zum Bonsai. Hier setzen wir nun mit dem Schnitt ein, der eine der wichtigsten Arbeiten in der Gestaltung ist. In der Folge werde ich einige Formen des Gehölzschnittes beschreiben, die im wesentlichen alle in ähnlicher Weise ausgeführt werden, jedoch verschiedene Intensitätsgrade bezeichnen.

1) Der **Grundschnitt** z. B. wird ausgeführt bei Pflanzen, die ihren ersten Schnitt bekommen. Hier werden der Stamm und starke Äste gekürzt, und zwar so stark, daß nur noch ein Gerüst aus Stamm und gekürzten Ästen bleibt, auf dem dann eine neue Krone aus Zweigen aufgebaut werden kann. Bei diesem Schnitt gibt es oft bei älteren Pflanzen sehr große Schnittstellen, die dann je nach Pflanzenart mehr oder weniger schnell mit neuer Rinde überwachsen.

2) Beim **Formschnitt** schneiden wir meistens keine sehr starken Äste in Stammnähe, sondern wir bewegen uns mehr im Außenbereich der Krone, wo wir die dünneren Äste finden. Hier geht es darum, die neuen Äste durch zweckmäßigen Schnitt in die gewünschte Richtung zu lenken.

3) Den **Erhaltungsschnitt** setzen wir noch weiter außerhalb in der Krone an. Hier gilt es, den frischen Jahrestrieb von vornherein so zu stutzen, daß die Form der Zweige und des Baumes in der Gesamtheit gewahrt bleibt.

4) Der **Blattschnitt** erstreckt sich über die gesamte Krone des Baumes. Wir wollen durch das Entfernen der Blätter erreichen, daß der Baum erneut austreibt und kleinere Blätter bringt als die ersten.

5) Der **Wurzelschnitt** hat zum Ziel, einen guten Wurzelballen und einen guten Wurzelhals zu bekommen, oder allzu starkes Triebwachstum zu reduzieren.

7.1 Der Grundschnitt

Der Grundschnitt wird ausgeführt, wie ich schon sagte, wenn schwerwiegende Eingriffe in der Astkrone vorgenommen werden sollen. Das kann z. B. der Fall sein, wenn wir eine gesammelte Pflanze haben, die wir ein oder zwei Jahre im Gefäß kultiviert haben, die aber noch keine ausgeprägte Form hat. Bevor wir nun aber die Schere ansetzen, müssen wir uns erst einmal darüber im klaren sein über die Form, die wir erreichen wollen. Die Grundform für die meisten Bonsaistile ist in irgendeiner Form das Dreieck. Also müssen wir zunächst einmal schauen, ob wir in dieser ungeformten Gestalt der Pflanze irgendwo diese Grundform entdecken können, um dann alle Zweige und Äste, die über die gedachten Linien dieses Dreiecks

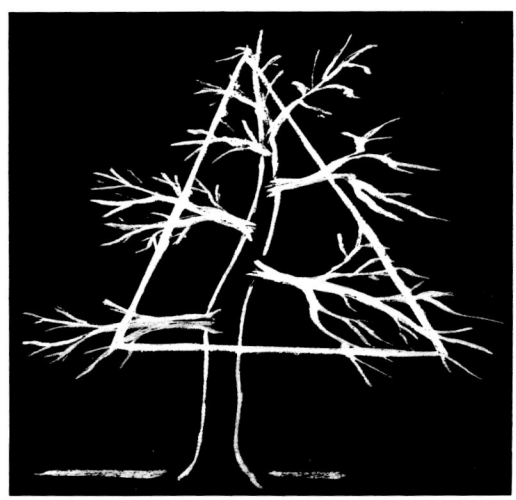

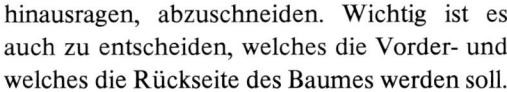

hinausragen, abzuschneiden. Wichtig ist es auch zu entscheiden, welches die Vorder- und welches die Rückseite des Baumes werden soll.

Die Rückseite des Baumes sollte einen relativ dichten grünen Mantel ausbilden, wogegen die Vorderseite einigermaßen locker und transparent bleiben soll, damit man den architektonischen Aufbau des ganzen Baumes mit seinem Stamm, seinen Ästen und Zweigen verfolgen kann. Durch die Öffnung der Vorderseite erreichen wir aber auch eine optische Tiefe. Um aber die Öffnung der Vorderseite zu erreichen, müssen wir alle Äste entfernen, die unmittelbar gegen den Betrachter stehen. Des weiteren werden alle Äste entfernt, die nach innen gegen den Stamm wachsen oder solche, die zu steil stehen, werden auf einen günstigeren, schwächeren Ast

in einer besseren Stellung „abgesetzt". Ebenso wird der Hauptstamm zurückgeschnitten (abgesetzt) bis auf einen schwächeren Ast, der dann später als neue Spitze herangezogen wird. Oftmals wird auch der Stamm einer starken Pflanze ganz entfernt, um mehrere Stämme aus einer Wurzel zu bekommen. Bei allen diesen Schnitten bekommen wir sehr große Wundstellen, die erst nach langer Zeit mit neuer Rinde überwachsen. Damit nun aber keine Fäulnis sich im Stamm breit machen kann, sollten wir die Wunden mit einem Baumwachs verschließen. Ein möglichst glatter Schnitt fördert das Verwachsen der Wundstellen. Lassen Sie kleine Zapfen stehen, so dauert es sehr lange, bis diese in den Stamm eingewachsen sind. Bei einer jüngeren Pflanze sieht der Grundschnitt etwas anders aus, da wir hier noch nicht so starkes Holz

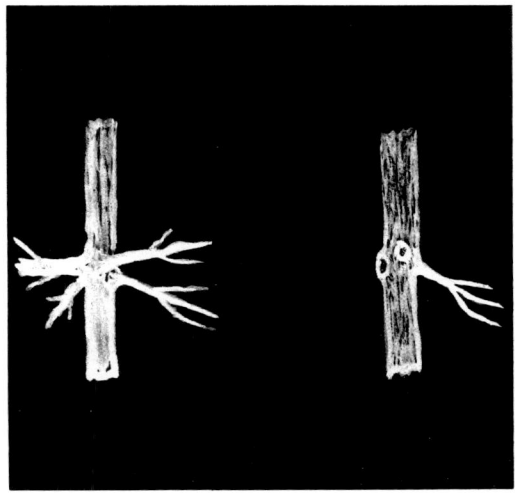

haben. Hier haben wir ja die Möglichkeit, von Grund aufzubauen, und wir müssen nicht eine starke Pflanze reduzieren. Das Verhältnis dessen, was wir wegschneiden zu dem was bleibt, ist bei den großen wie bei den kleinen Pflanzen in etwa gleich. Bei einem Steckling z. B. soll später der erste neue Trieb die Funktion des Stammes übernehmen, also müssen wir diesen Trieb durch den Schnitt entsprechend aufbauen, indem wir ihn durch entsprechenden Schnitt in die gewünschte Richtung bringen (siehe Zeichnung). Bei manchen Arten kann man sehr scharf schneiden, wie z.B. bei Zelkowa, Malus, Juniperus, Rhododendron-Azaleen, Taxus und viele andere mehr. Sie treiben dann noch sehr gut aus dem alten Holz. Der Zeitpunkt für diesen Schnitt ist die Winterruhe, also die Zeit Januar Februar, wenn die starken Fröste vorüber sind.

7.2 Der Formschnitt

Der Formschnitt hat die Aufgabe, das Gewirr aus Zweigen, das nach dem Grundschnitt heranwächst, in eine wohlgeformte Krone zu verwandeln. Dabei gehen wir wieder nach den gleichen Gesichtspunkten vor wie beim Grundschnitt. Es werden zunächst alle Triebe entfernt, die ganz offensichtlich falsch stehen, wie z. B. diejenigen, die nach innen gegen den Stamm wachsen, oder solche, die senkrecht nach unten stehen. Ebenso werden alle Triebe entfernt, die unmittelbar aus dem Stamm herauswachsen. Das ist oft der Fall bei Pflanzen, die beim ersten Grundschnitt sehr stark zurückgeschnitten worden sind. Beim Formschnitt haben wir selten starkes Holz, und wir brauchen deswegen auch selten eine Wundbehandlung vorzunehmen.

Bei den Laubgehölzen ist auch hier der Zeitpunkt die Ruhezeit im Winter.

7.3 Der Erhaltungsschnitt

Der Erhaltungsschnitt hat – wie ja die Bezeich-
nung schon sagt – im wesentlichen die Aufgabe,
die einmal erreichte „fertige" Form zu erhalten
und zu verfeinern. Bei diesem Schnitt, der, im
Gegensatz zum Grund- und Formschnitt, während der Vegetationszeit durchgeführt wird,
haben wir es meistens nur mit kleinen Zweigen
und Triebspitzen zu tun. Den Erhaltungsschnitt
müssen wir an allen Bonsai durchführen, auch
beim uralten Solitär. Es geht hier darum, das
feine Astwerk zu erhalten. Wenn wir einen Trieb
lang herauswachsen lassen, dann stört das nicht
nur die äußere Form, sondern durch das starke
Wachstum wird auch das Holz in der Basis des

Triebes zu stark, und es paßt dann nicht mehr zu
den anderen teilweise filigranartigen Zweigen
und Trieben. Aus diesem Grunde schneiden wir
die Triebe bei den meisten Gehölzen schon sehr
zeitig zurück, denn die Stärke des Triebes bleibt
in etwa so, wie sie zum Zeitpunkt des Schnittes
war. Wir lassen etwa 4–5 Blätter bzw. Blattpaare
herauswachsen und schneiden dann den Trieb
bis auf ein bis drei Blätter oder Blattpaare zurück.
In den Blattachseln der verbleibenden Blätter
regen sich nun die schlafenden Augen und beginnen zu treiben und zu neuen Trieben heraus-
zuwachsen. Mit diesen neuen Trieben verfahren
wir genauso.

Auf diese Weise werden den ganzen Sommer
über alle frisch nachwachsenden Triebe pinziert
(so nennen wir in der Fachsprache dieses Aus-

schneiden der frischen Triebe). Dadurch wird das Astwerk immer dichter und feiner. Bei manchen Arten stehen die Blätter jedoch kreuzgegenständig wie z.B. beim Ahorn oder Liguster, und wir würden immer gleichstarke Astgabeln bekommen. In diesem Fall ist es ratsam, das unerwünschte Auge schon auszubrechen, bevor es überhaupt austreibt. Dadurch wird der andere Trieb kräftiger. Bei einigen Arten sollten wir jedoch nur einmal im Jahr pinzieren wie z.B. bei Feigen, Buche, Flieder, Rhododendron-Alpenrose und andere, aber dies sind nur einige wenige Ausnahmen.

Ein wenig anders gestaltet sich auch der Schnitt der wenigen Obstgehölze. Bei diesen müssen wir wegen der Blüten einen gewissen Kompromiß eingehen. Wir warten mit dem Formschnitt bis nach der Blüte, um diese in voller Pracht erleben zu können. Dann lassen wir den ersten Frühjahrstrieb etwa bis Ende Juni voll durchwachsen und pinzieren dann erst aus. Die nachfolgenden frischen Seitentriebe lassen wir nach Möglichkeit unberührt, es sei denn, es werden einige gar zu lang.

Bei den verschiedenen Nadelgehölzen sieht die Sache noch wieder ein wenig anders aus. Beim Wacholder werden die feinen, neuen Triebe nicht mit der Schere geschnitten, sondern mit den Fingern oder mit der Pinzette herausgezupft. Mit der Schere arbeitet man hier nur sehr wenig, oder höchstens, wenn etwas ältere, schon verholzte Triebe mit entfernt werden müssen. Beim Schneiden mit der Schere würden wir sonst alle anderen Triebe mit verletzen, auch solche, die eigentlich nicht geschnitten werden sollen. Die Folge davon wären häßliche braune Stellen auf den einzelnen Astkronen. Ebenso wie bei den Wacholdern arbeiten wir auch bei den Cryptomerien, Fichten, Tannen, Taxus, Zedern, Lärchen und anderen.

Bei den Kiefern müssen wir wiederum etwas anders arbeiten. Die Kiefer treibt normalerweise nur einmal im Frühjahr und dann steht sie das ganze Jahr über im Trieb still. Das heißt also, wir müssen bei der Kiefer ganz genau den Zeitpunkt für unseren Eingriff abpassen. Dazu müssen wir zunächst einmal zwischen den Pinus pentaphylla und den Pinus nigra mit ihren Arten unterscheiden, da hier der günstigste Zeitpunkt unterschiedlich ist. Bei den Pinus pentaphylla strek-

 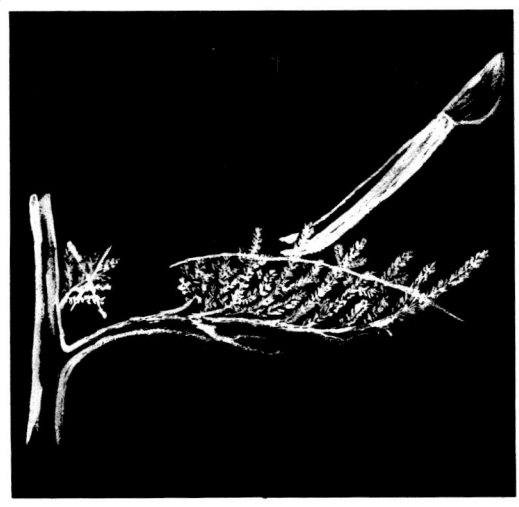

ken sich im Frühjahr die Knospen zu langen wurstähnlichen Trieben. Rund um diese Triebe stehen die zukünftigen Nadelbündel noch in einer braunen Hülle verpackt. In dem Moment, in dem die Nadeln ihre Hülle durchbrechen, ist der Augenblick gekommen, in dem wir eingreifen müssen. Wir brechen den Trieb mit einer kurzen, leicht drehenden Bewegung zur Hälfte 'oder gar zu zwei Dritteln heraus. Das ist zu diesem Zeitpunkt möglich, da der Trieb in diesem Stadium noch sehr glasig ist und leicht bricht. Die Schere sollten Sie bei dieser Arbeit nicht benutzen, da sie damit auch alle die bleibenden Nadeln verletzen würden. Die Rinde des frischen Triebes ist zu dieser Zeit noch so weich, daß sie sich über der Wunde wieder zusammenzieht und wir ohne große sichtbare Verletzungen auskommen. Wenn wir nun zu diesem Zeitpunkt

der Pflanze alle ihre Triebe nehmen, dann steht sie noch so stark im Saft, daß sie noch einmal austreiben muß. Dadurch bekommen wir unterhalb der Bruchstelle im gleichen Jahr nochmals neue Triebe, die in der Regel kürzer bleiben und auch kürzere Nadeln haben. Dieser zweite Trieb bleibt dann unberührt.

Bei den Schwarzkiefern liegt der Zeitpunkt des Schnittes etwas später. Hier lassen wir den Trieb fast ganz auswachsen bis ca. Juni. Wenn dann die Nadeln ungefähr halb aus ihrer Hülle herausgewachsen sind und der Trieb schon anfängt zu verholzen, dann wird er fast ganz herausgeschnitten bis auf einen Stumpf mit einigen Nadelpaaren. Danach geschieht das gleiche wie bei der Pinus pentaphylla. Auch hier bleibt der zweite Trieb unberührt.

bestimmte Richtung verlängern müssen, dann benutzen wir für die Verlängerung aber nicht den Haupttrieb, sondern einen Seitentrieb und der Haupttrieb wird entfernt. Es ist besser, mit mehreren kleinen Schritten ans Ziel zu kommen, als mit einem großen.

7.4 Der Blattschnitt

Eine andere Möglichkeit, in das Wachstum der Pflanze einzugreifen, ist der Blattschnitt. Er wird angewendet, wenn die Pflanzen aus irgendeinem Grunde zu große Blätter gebracht haben.

Meistens ist es das Frühjahrslaub, da zu dieser Zeit häufig noch das Licht fehlt, das die Pflanze zum Wachstum braucht. Fehlt aber das Licht, so vergrößert die Pflanze die Blattfläche, um doch genügend davon zu bekommen. Dieses Frühjahrslaub ist dann etwa Ende Mai – Anfang Juni soweit ausgereift, daß man es entfernen kann. Zu diesem Zweck halte ich die Pflanze einige Tage vorher trocken, bis die Blätter schlaff werden und zu schrumpfen beginnen. Danach werden die Blätter mit der Schere oder dem Blattschneider alle abgeschnitten. Es bleiben jedoch die Blattstiele an der Pflanze stehen. Diese müssen bis zum neuen Austrieb die Atmung übernehmen. Nachdem wir nun alle Blätter in der beschriebenen Weise entfernt haben, geben wir zunächst nur ein wenig Wasser und nicht sofort die volle Ration. Nach etwa einer Woche mit steigernden Wassergaben können wir dann wieder normal gießen. Nach etwa 14 Tagen beginnt die Pflanze, neu zu treiben. Jetzt ist es sehr wichtig,

Solch ein Schnitt ist natürlich nur möglich, wenn die Pflanze wirklich gesund ist. Auch kann es einmal möglich sein, daß wir einen Ast in eine

daß wir sie möglichst hell stellen, damit Blätter und Triebe möglichst klein und kurz bleiben. So, wie dann der neue Austrieb einsetzt, können wir auch mit der Düngung beginnen.

7.5 Der Wurzelschnitt

Ähnlich wie die Astkrone muß auch die Wurzelkrone geschnitten und geformt werden, und mit der Wurzelkrone der Wurzelhals, denn der Übergang vom Stamm zur Wurzel ist ein sehr wichtiger Teil des Bonsai. Würde der Stamm wie ein Lichtmast glatt im Boden verschwinden, so würde das recht unharmonisch wirken. Verdickt sich aber der Stamm kurz über dem Boden und teilt sich dann sichtbar in einzelne Wurzeln auf, die dann wie Finger in den Boden greifen, dann haben wir das gleiche Bild wie bei einem großen Baum. Doch diese Form des Wurzelhalses

wächst nun nicht von alleine, sondern sie setzt ein gutes, wohl ausgewogenes Wurzelsystem voraus. Aber nicht nur für den Stamm ist ein gutes Wurzelwerk wichtig, sondern auch für die gesamte Astkrone.

Mit der Formung der Wurzelkrone beginnen wir schon in dem Moment, in dem wir die Pflanze in Kultur nehmen, um sie zum Bonsai zu gestalten, das heißt also schon beim ein- oder zweijährigen Sämling oder Steckling oder aber bei Pflanzen, die wir in der freien Natur gesammelt haben.

Beginnen wir einmal mit dem Wurzelschnitt bei **Sämlingen.** Wie Sie sicher schon beobachtet haben, finden wir bei allen Sämlingspflanzen in der Regel Pfahlwurzeln vor, die ursprünglich die Aufgabe haben, den zukünftigen Baum im Boden zu verankern. Diese starken, senkrechten

Wurzeln können wir bei den Bonsai aber nicht gebrauchen, sondern wir benötigen die feinen Faser- und Haarwurzeln. Um diese feinen Wurzeln zu stärken, schneiden wir beim ersten Umpflanzen die Pfahlwurzel um ein Drittel bis zur Hälfte zurück. Dadurch werden die Seitenwurzeln gezwungen, verstärkt die Versorgung der Pflanze zu übernehmen. Durch den erhöhten Transport von Nährstoffen wird aber auch das Dickenwachstum der Seitenwurzeln beschleunigt.

Wenn Sie es aber vorziehen sollten, die jungen Sämlinge noch ein weiteres Jahr im Sämlingsbeet stehen zu lassen, so sollten Sie es doch nicht versäumen, die Pfahlwurzel zu schneiden, ohne die Jungpflanze aus der Erde herauszunehmen. Das wird z. B. in den Forst- und Saatbaumschu-

len mit dem Spaten oder dem Unterschneide-Pflug gemacht. Sie können den gleichen Effekt erzielen, indem Sie mit einem scharfen Messer auf zwei gegenüberliegenden Seiten schräg unter der Pflanze durchschneiden, so daß Sie die Pfahlwurzel und die stärkeren Seitenwurzeln kappen. Die vorderen und hinteren Wurzeln bleiben dabei unberührt und versorgen die Jungpflanze ungestört weiter, wogegen die gekappten Wurzeln in Ruhe an den Schnittflächen neues, feines Wurzelwerk bilden können. Die ungestörten Wurzeln werden dann beim Eintopfen zurückgeschnitten.

Beim **Steckling** und beim **Steckholz** liegt der Fall etwas anders. Erinnern Sie sich einmal an das Wurzelbild des Stecklings und des Steckholzes im Kapitel über die Vermehrung.

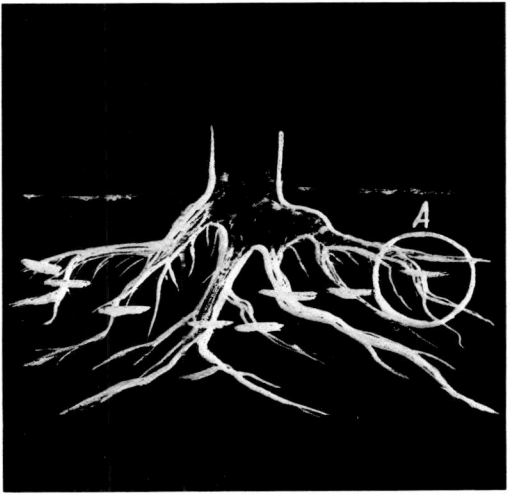

Bei diesen Vermehrungsarten gehen die Wurzeln meistens von einem Punkt – der Schnittfläche – aus, es fehlt die Pfahlwurzel vollkommen. In diesem Fall werden nur die Spitzen der Hauptwurzeln eingekürzt.

Völlig anders als bei diesen Jungpflanzen liegt der Fall bei solchen, die wir in der freien Natur gesammelt haben. Hier können wir das Wurzelwerk nicht mehr von Grund auf beeinflussen, sondern wir müssen in der Regel ein unproportionales, ungeformtes Wurzelwerk reduzieren und formen. Dazu müssen wir zunächst einmal alle stark verletzten und abgeknickten Wurzeln schneiden. Meistens haben wir es bei diesen Pflanzen in diesem Stadium mit relativ starken Wurzeln zu tun. Die feineren Wurzeln sollten wir in jedem Fall schonen oder höchstens leicht

einkürzen. Wichtig wäre in diesem Zusammenhang noch zu erwähnen, daß die Schnittfläche bei den stärkeren Wurzeln immer nach unten zeigen sollte, da dann die spätere Bewurzelung besser ist. Auf jeden Fall sollten Sie vermeiden, bei diesen gesammelten Pflanzen in der Wurzelkrone einen „Radikalschnitt" vorzunehmen, sondern Sie müssen den Wurzelballen in zwei oder drei Schritten bei jedem Umtopfen reduzieren.

Der Wurzelschnitt hat aber nicht nur die Aufgabe, den Wurzelballen zu reduzieren und zu formen, sondern er hat auch noch die Aufgabe, bei fertigen Bonsai den Trieb zu hemmen, wenn Sie unmittelbar vor Beginn des Frühjahrstriebes schneiden.

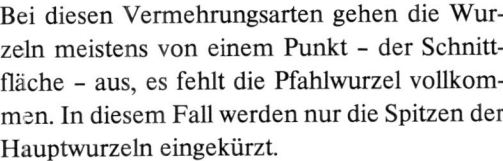

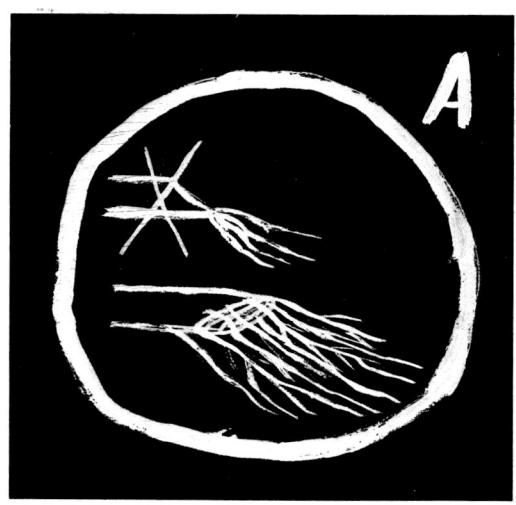

Durch diesen Schnitt und durch die Verringerung der Wurzelmasse wird die Pflanze gestört, und sie ist nicht in der Lage, den Frühjahrstrieb voll herauszubringen. Durch die Wahl des Zeitpunktes für den Wurzelschnitt haben wir dann als Nebenwirkung eine erwünschte Triebverkürzung.

Über den Wurzelschnitt bei fertigen Bonsai habe ich im Kapitel über das Ein- und Umtopfen alles Notwendige gesagt, so daß ich hier an dieser Stelle nicht mehr darauf einzugehen brauche.

Der Zeitpunkt für den Wurzelschnitt ist der gleiche wie für das Ein- und Umtopfen, also die Ruhezeit der Pflanzen.

8 Das Drahten

Nun haben wir also unsere Pflanzen vorbereitet. Wir haben die einen ausgeputzt, die anderen kräftig zurückgeschnitten, haben die Äste, die wir erhalten wollen, entsprechend eingekürzt und trotzdem sind wir mit der Form nicht zufrieden, weil der Stamm entweder noch zu gerade oder noch zu krumm ist oder die Äste noch zu wirr durcheinander stehen. Hier kommen wir mit Schneiden nicht mehr weiter, sondern wir müssen mit dem Drahten beginnen. Der Draht hat allein die Aufgabe, einen Ast, Stamm oder Zweig in der gewünschten Stellung festzuhalten, bis dieser verholzt ist und in dieser Stellung auch nach Entfernen des Drahtes verbleibt. Der Draht soll immer nur eine vorübergehende Hilfe zur Formung der Astkrone sein und nicht

Bestandteil des Bonsai werden. So habe ich schon des öfteren erlebt, daß sich Leute weigerten, einen Bonsai zu kaufen, weil er keinen Draht hatte, sondern sie zogen es vor, sich für qualitativ geringere Bonsai, die aber gedrahtet waren, zu entscheiden. Der Draht hat nicht die Aufgabe, wie oftmals irrigerweise angenommen wird, den Stamm und die Äste festzuhalten, damit sie nicht mehr in die Länge wachsen. Das wäre unmöglich, denn in den verholzten Teilen der Gehölze haben wir kein Längenwachstum mehr, sondern nur in den Spitzen der Zweige.

Und doch hat das Drahten, wie alle Manipulationen an lebenden Wesen, in den einzelnen Bereichen des zu formenden Baumes, verschiede-

Acer buergergerianum
Dreispitzahorn
ca. 8–15 Jahre

93

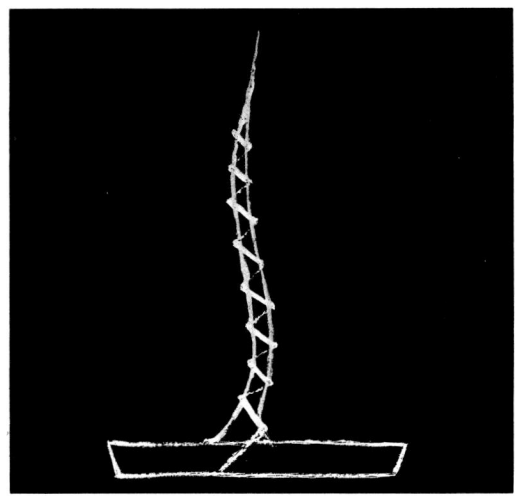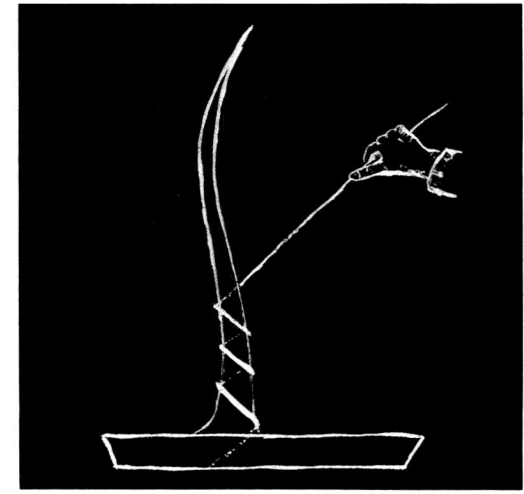

ne Nebenwirkungen, die wir wiederum für unsere Zwecke ausnutzen können.

Beginnen wir jedoch mit dem eigentlichen Arbeitsvorgang. Da ist zunächst einmal wichtig, welches Material wir benötigen. Grundsätzlich könnten wir eigentlich jedes drahtähnliche Gebilde benutzen, das sich noch einigermaßen verarbeiten läßt. In der Praxis brauchen wir aber einen Draht, der sich einigermaßen leicht biegen läßt, der aber wiederum starr genug ist, einen Stamm oder einen Ast in der gewünschten Stellung zu halten. Materialien, die leicht rosten, sollten wir meiden, denn rostende Drähte hinterlassen über lange Zeit hin häßliche Spuren auf der Rinde. Ich benutze z. B. Aluminiumdraht, der leicht verkupfert ist. Dieses Material läßt sich sehr gut biegen und schneiden, es rostet nicht,

und durch seine Farbe tritt es an der Pflanze optisch kaum in Erscheinung. Dieser Draht ist erhältlich in den Stärken 0,5–6,0 mm in einer Abstufung von jeweils 0,5 mm, so daß wir für jede Holzstärke die passende Drahtstärke auswählen können. Als Faustregel können Sie sich merken: Der Draht sollte im Durchmesser etwa $\frac{1}{3}$ des Durchmessers des zu drahtenden Stammes oder Astes haben.

Bei der Arbeit gehen wir im großen und ganzen folgendermaßen vor: Begonnen wird in der Regel mit dem stärksten Holz. Das wird meistens der Stamm sein, danach kommen die Hauptäste und dann die Zweige und Triebe. Gearbeitet wird immer von unten nach oben. Wir messen zunächst am Objekt des Länge des benötigten Drahtes. Bedenken Sie jedoch, daß

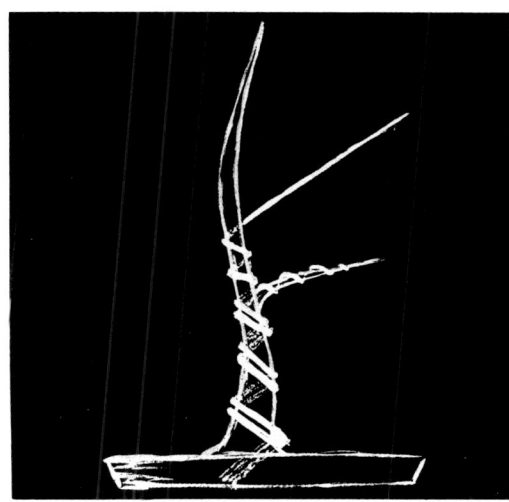

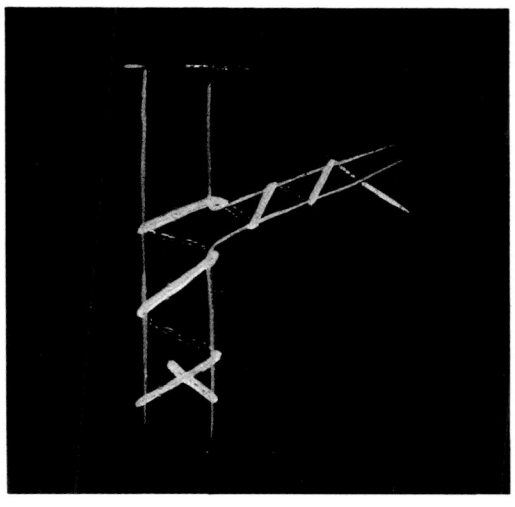

Sie durch die Windungen mehr Material benötigen. Schneiden Sie den Draht so, daß er zu
einem Drittel über die Stamm- oder Astspitze
hinausgeht. Haben Sie nun den Draht gerichtet,
dann stecken Sie ihn mit dem unteren Ende etwa
im Winkel von 45° unmittelbar neben dem
Stamm in die Erde, damit er im Boden einen Halt
bekommt. Danach halten Sie mit der einen
Hand das untere Ende des Drahtes fest an den
Stamm gepreßt, während Sie mit der anderen
Hand das freie Ende des Drahtes in gleichmäßi-
gen Windungen spiralförmig um den Stamm
legen. Fassen Sie dabei das freie Ende des Drahtes nicht zu kurz, damit Sie sich beim Arbeiten
nicht unnütz quälen. Je länger Sie den Draht fassen, desto leichter und schonender legt er sich an
die Rinde an. Außerdem liegt nicht der ganze
Druck, den Sie beim Biegen aufwenden müssen

auf der Rinde, sondern er verteilt sich auf die
ganze Länge zwischen Hand und Stamm.
Achten Sie darauf, daß der Draht zwar an der
Rinde eng anliegt, daß er aber auf keinen Fall in
die Rinde eindrückt und dadurch Verletzungen
verursacht. Die Windungen sollten aber auch
nicht zu dicht liegen oder so locker, daß zwischen Rinde und Draht noch Luft ist. Oft langt
aber gerade bei den Stämmen oder starken
Hauptästen der einfache Draht nicht. In diesem
Fall arbeiten wir mit zwei genau nebeneinander
liegenden Drähten. Diesen Doppeldraht binden
wir aber nur so weit, bis der einzelne Draht aus-
reicht. An dieser Stelle schneiden wir entweder
ein Ende ab oder wir benutzen dieses freiwer-
dende Ende, um einen in der Nähe befindlichen
starken Ast zu drahten. Sie sollten es vermeiden,
bei dieser Arbeit Augen oder kleine Zweige oder

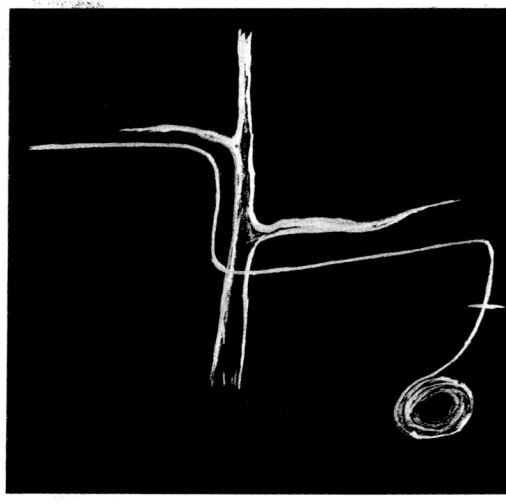

bei den Nadelhölzern die Nadeln mit einzubinden, da diese absterben würden.

Nachdem nun der Stamm gedrahtet ist, machen wir uns an die Hauptäste. Auch hier benötigen wir meistens recht kräftigen Draht.

Um aber einen Ast aus seiner ursprünglichen Stellung herauszudrücken, brauchen wir irgendwo einen Halt oder einen Punkt, von dem aus wir diesen Druck ausüben können. Das ist in unserem Fall der Stamm. Wir müssen also den Draht mit 4–5 Windungen am Stamm befestigen, um einen Halt zu bekommen, um dann auf den Ast überzugehen, und diesen in bekannter Weise zu drahten. Würden wir aber jeden Ast in dieser Form andrahten, so wäre wahrscheinlich vom Stamm außer Draht nichts mehr zu sehen. Aus diesem Grunde sollten wir versuchen, Äste, die

einigermaßen eng beieinander oder sich gegenüber stehen, mit einem Draht zu fixieren. Zu diesem Zweck legen Sie den Draht waagrecht, unmittelbar unterhalb der Astgabel des unteren Astes, den Sie drahten wollen, auf der Rückseite des Stammes an.

Mit den Zeigefingern beider Hände drücken Sie dann den Draht eng um den Stamm herum bis zur Vorderseite. Hier fahren Sie dann mit dem einen Ende um den ersten Ast herum und legen einige Windungen, damit der Draht festliegt. Danach führen Sie das andere Ende mit zwei, drei Windungen am Stamm hoch bis zum zweiten Ast, den Sie dann sofort fertig drahten können. Anschließend wird dann auch der erste Ast fertiggedrahtet. Achten Sie immer darauf, daß die Drähte, die in gleicher Richtung verlaufen, möglichst eng beieinanderliegen und sich nicht wahllos kreuzen. Das gäbe ein heilloses Gewirr, das auf das Auge sehr häßlich wirken würde.

So wie hier bei Stamm und Hauptästen beschrieben, so verfahren wir dann auch weiter außen in der Krone bei den Ästen und Trieben. Nur benötigen wir immer feineren Draht.

Als Anfänger sollten Sie die Technik des Drahtens an abgeschnittenen Zweigen erst einmal üben, damit Sie die für Sie beste Art der Handhabung des Drahtes herausfinden können. Sonst werden Ihre sorgsam gezogenen Pflanzen zum Übungsprojekt, und das wäre unter Umständen doch recht schade.

Habe ich bis hier nur über die Technik des Drah-

tens gesprochen, so muß an dieser Stelle noch etwas gesagt werden, was über den Rahmen dessen hinausgeht. So ist es z. B. unbedingt notwendig zu wissen, daß manche Arten eine sehr empfindliche Rinde haben, die schon bei leichtem Druck geschädigt wird. Das ist der Fall bei allen Kirschen, Ahornen, Weiden und sonstigen Arten mit sehr fleischiger oder sehr dünner Rinde wie bei Azaleen. In diesen Fällen sollten wir, wenn stärkere Äste zu drahten sind, den Draht mit Papier oder Bast umwickeln.

Wesentlich ist auch zu wissen, wann wir was drahten können, oder kann man jederzeit alles drahten? Theoretisch könnte man das ganze Jahr über drahten, in der Praxis jedoch haben sich bestimmte Zeiten als die günstigsten herausgestellt. So ist es zum Beispiel sehr unzweckmäßig, sommergrüne Laubgehölze gerade zu der Zeit zu drahten, in der die Knospen austreiben. Sie würden bei Ihrer Arbeit zwangsläufig viele Knospen beschädigen oder gar ganz ausbrechen. Aus diesem Grunde ist der beste Zeitpunkt gekommen, wenn das neue Laub sich voll entfaltet hat, der Trieb aber noch weich ist. Nadelhölzer können Sie am besten im Herbst oder Winter drahten. Achtung, manche Gehölze sind sehr spröde im Holz, wie z. B. Ahorne und Azaleen, andere wie Kiefern reißen gerne in der Astgabel aus, deswegen ist äußerste Sorgfalt bei der Arbeit geboten.

Die Dauer der Drahtung hängt von dem jeweiligen Gehölz ab. Bei den Laubgehölzen kann der Draht oft schon nach einer Vegetationsperiode entfernt werden. Bei verschiedenen Nadelgehöl-

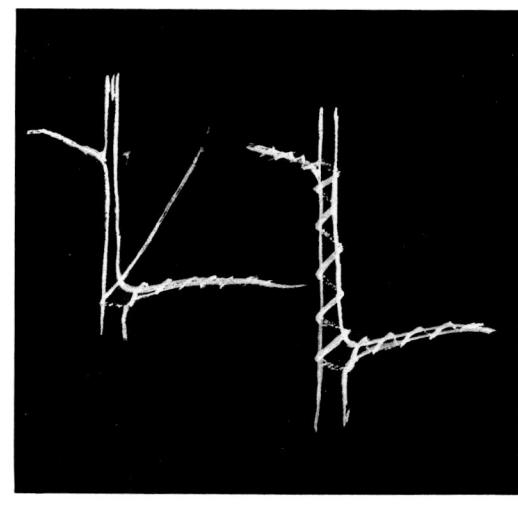

zen dauert die Drahtung bis zu zwei Jahren. Spätestens jedoch – und das gilt für alle Gehölze – sollte der Draht entfernt werden, wenn er anfängt, in die Rinde einzuwachsen. Zu diesem Zweck durchschneidet man den Draht möglichst oft mit der Drahtzange und entfernt ihn in kleinen Stücken. Versuchen Sie nicht, den Draht in einem Stück aufzuwickeln. Sie laufen dabei immer Gefahr, Zweige oder Rinde zu verletzen.

Das Drahten der Stämme, Äste und Zweige gibt uns die Möglichkeit, die Stämme, Äste und Zweige zu fixieren, um dann zu formen und zu korrigieren, indem wir die Äste mit dem angelegten Draht einfach in die Stellung biegen, die wir für unsere gewünschte Form benötigen oder Korrekturen vorzunehmen, ohne daß zusätzlich Arbeiten notwendig wären.

9 Alternativen zum Drahten

Nun haben wir aber nicht nur diese eine Möglichkeit zu formen, sondern es gibt noch eine ganze Reihe von Möglichkeiten, wie wir zu unserem Ziel kommen können. So sieht es oft sehr häßlich aus, wenn wir für einen Moyoji den Stamm mit sehr starkem Draht verändern müssen. In diesem Fall können wir uns helfen, indem wir den Stamm verspannen. Zu diesem Zweck ziehen wir durch die Abzugslöcher der Schale einen relativ dünnen Draht. Danach biegen wir den Stamm im unteren Teil soweit wir den Bogen brauchen, und in dieser Stellung befestigen wir ihn mit dem einen freien Ende des Drahtes. Da der Draht in diesem Fall aber nur an einer Stelle den ganzen Druck ausübt, müssen wir diese Stelle unbedingt mit einem Gummi oder

Schaumstoffstücken abpolstern, wie wir es auch bei frischgepflanzten Bäumen machen. Nachdem wir nun den ersten Bogen fixiert haben, biegen wir den Stamm entgegengesetzt in die richtige Stellung und fixieren ihn mit dem zweiten freien Draht in der beschriebenen Weise. So können Sie entsprechend verfahren bis zur Spitze. Als sichtbare Gestaltungshilfe haben wir bei dieser Arbeitsweise nur zwei dünne Spanndrähte, die optisch nicht groß in Erscheinung treten. Ebenso können wir arbeiten bei einem Chokkan, wenn es darum geht, die Zweige herunterzubinden. Ich persönlich arbeite z.B. in solchem Falle etwa folgendermaßen: Die beiden Drahtenden werden von unten durch die Abzugslöcher gesteckt, bis sie oben zur Erd-

oberfläche herauskommen. Das obere Ende drehe ich zu einer Schlinge unmittelbar über der Erdoberfläche, so daß ich zwei Festpunkte bekomme, auf die hin ich alle Zweige binden kann. Durch die Ausrichtung mehrerer Zweige auf **einen** Festpunkt erhalte ich in der Astkrone oben eine sehr harmonische Aststellung. Genauso, wie bei den erwähnten Stilformen kann ich auch bei der Kaskaden- oder Halbkaskadenform arbeiten, nur wird hier ein Drahtende nach oben geführt und das zweite freie Ende bleibt unten und zieht den Stamm der Pflanze nach unten.

Nun müssen wir aber nicht immer nur Stämme verkrümmen, sondern wenn wir einen streng aufrecht wachsenden Bonsai erziehen wollen aus einer Pflanze, deren Stamm nicht ganz gera-

de gewachsen ist, so müssen wir ihn strecken. Zu diesem Zweck stecken wir unmittelbar neben den Stamm einen kräftigen, wenig biegsamen Stab, an den wir später den Stamm heften können. Bevor wir jetzt aber versuchen, den Stamm durch Anbinden zu strecken, schützen wir die Rinde an den Stellen, an denen sie an den Stab angepreßt wird, durch Umwickeln mit einem Polsterungsmaterial oder dünner Kokos- oder Sisalschnur. Nachdem das nun geschehen ist, beginnen wir am Wurzelhals mit dem Binden mit einem geeigneten Bindematerial, wie es überall im Gartenbedarfshandel erhältlich ist (Bast, Kokos- oder Sisalschnur oder Kunstbast).

Vom Wurzelhals aufwärts müssen wir den Stamm durch Anbinden so fest gegen den Stab pressen, bis alle Bögen des Stammes geglättet

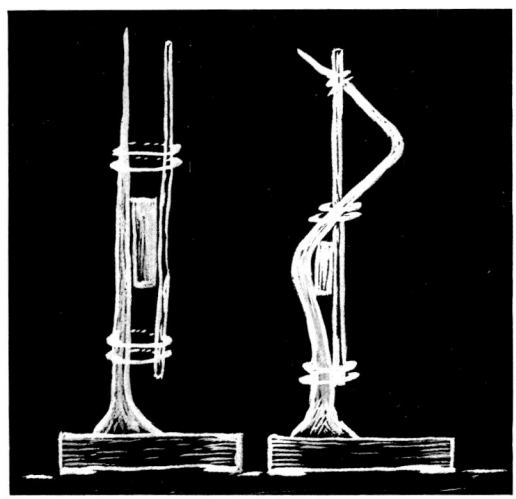
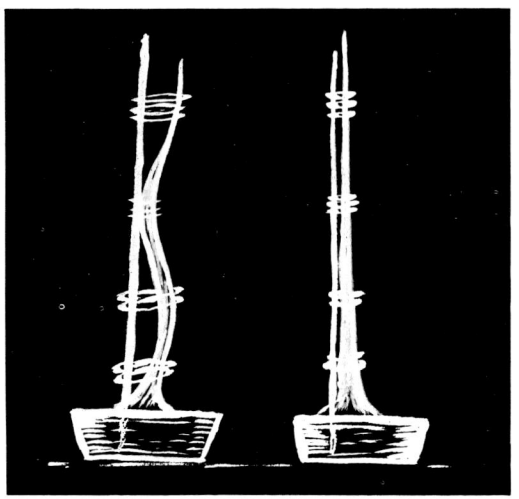

sind und Stamm und Stab genau parallel verlaufen.

So, wie wir einen Stamm auf diese Weise gerade
richten können, so können wir auch einen geraden Stamm in der beschriebenen Weise krüm-
men. Auch in diesem Fall wird in gleicher Weise
der Stab gesteckt, der Stamm wird an den Druckstellen abgepolstert und der Wurzelhals gehef-
tet. Danach biegen wir Stab und Stamm oben
auseinander und schieben zwischen beide ein
Stück Holz als Abstandhalter. Wenn nun das
Holz gut sitzt, wird der Stamm oberhalb des Holzes wieder gegen den Stab gebogen und dort befestigt. Je nachdem, wie weit der Stamm aus-
schwingen soll, legen wir den zweiten Bogen auf
die andere Seite des Stabes, wenn er weit aus-
schwingen, oder aber auf die gleiche Seite genau

über den ersten, wenn sich der Stamm nur hoch-
schlängeln soll.

Eine weitere Situation, in der wir Äste oder
Stämme spannen müssen, haben wir zum Beispiel bei einem Doppelstamm. Es sieht von der
Form her immer eleganter aus, wenn die Stämme in einem spitzen Winkel auseinanderlaufen,
als wenn sie in einem unschönen Bogen auseinanderlaufen. Sollte das der Fall sein, so müssen
wir versuchen zu korrigieren, indem wir eine
Schlinge um die Ast- oder Stammgabelungen
legen, die man dann zusammendrehen kann,
wie wir sie brauchen. Natürlich müssen auch
hier die Druckstellen gut abgepolstert werden.
Um zu verhindern, daß die Gabelung durch den
starken Druck nach unten hinausbricht, ist
manchmal ratsam, im Inneren der Gabelung

einen kleinen Keil herauszuschneiden, der sich dann durch das Spannen wieder schließt.

Das Binden mit Schnur ist nicht so ganz einfach, da wir bei dieser Arbeit immer mit mehreren Schnüren gleichzeitig fertig werden müssen. Bei dieser Arbeitsweise verwenden wir ein Material, das sich leicht verarbeiten läßt, entweder eine sehr dünne Kokosschnur oder Bast.

Zunächst wird die Schnur am Stamm befestigt, dann wird der Zweig in der gewünschten Form gebogen und mit der Schnur in Richtung Stamm verspannt und verknotet. So wird der Zweig in S-förmige Windungen gelegt und vom Stamm her mit ein und derselben Schnur von Bogen zu Bogen verspannt. Dieses Arbeiten mit Schnur erspart später das lästige Entdrahten.

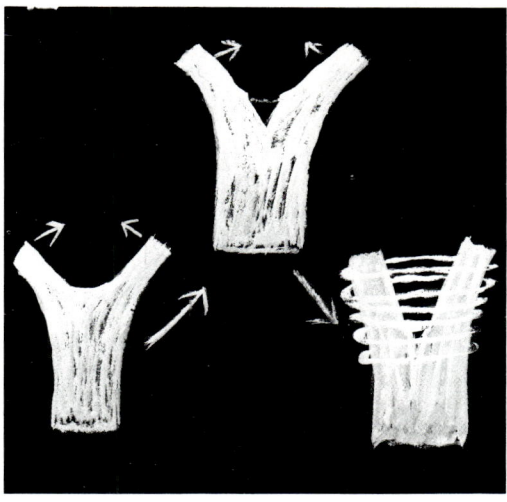

10 Die Erziehung einiger spezieller Formen

Habe ich bis jetzt einige allgemeine Techniken beschrieben, so möchte ich jetzt über die einzelnen Stilformen sprechen, bei deren Erziehung wir diese Einzelmaßnahmen in sinnvoller und zweckmäßiger Weise kombiniert einsetzen müssen.

10.1 Die Besenform

Die Besenform wird erzogen aus dem Sämling, dem Steckling oder einer älteren Pflanze. Gehen wir vom Sämling oder dem Steckling aus, so haben wir die beste Ausgangsbasis, denn hier haben wir die Möglichkeit, Stamm, Äste und Zweige von Grund auf zu formen, wogegen wir bei dem älteren Ausgangsmaterial den Stamm

◀ *Zelkowa carpinifolia jap. Ulme*

und die Äste nur korrigieren können, und wir müssen über längere Zeit starke Schnittstellen in Kauf nehmen.

Beginnen wir mit dem Sämling oder Steckling, so müssen wir zunächst darangehen, einen geraden Stamm zu erziehen. Zu diesem Zweck nehmen wir der jungen Pflanze alle Seitentriebe in Bodennähe bis zu der Höhe, die wir als Stamm haben wollen. Achten Sie immer darauf, daß der Schnitt am Stamm möglichst glatt ist. Ideal für diese Arbeit ist die Konkavzange. Die verbleibenden Seitenäste werden auf 3–5 Augen eingekürzt. Achten Sie immer darauf, daß das letzte Auge, das stehen bleibt, nach außen zeigt, da ja der neue Trieb, der aus diesem letzten Auge herauswächst, die harmonische Verlängerung des Astes bilden soll. Äußerste Sorgfalt ist auch

geboten beim Schnitt des Gipfeltriebes. Dieser muß ja die Stammverlängerung bringen. Deshalb sollte hier das letzte verbleibende Auge genau über dem Wurzelhals gegen den Betrachter sitzen. Nur so bekommen wir eine elegante Verlängerung.

Wenn wir nun nach dem Schneiden feststellen, daß die Aststümpfe zu flach stehen, müssen wir sie soweit hochbinden oder hochdrahten, bis sie in einem spitzen Winkel zum Stamm stehen. Ganz wichtig ist es auch, darauf zu achten, daß der Stamm vollkommen gerade ist und daß wir durch Drahten oder Stäben die notwendigen Korrekturen vornehmen. Die weitere Behandlung beschränkt sich darauf, die Astkrone durch Schneiden und Pinzieren langsam und sorgfältig aufzubauen. Lassen sie niemals einzelne Triebe zu lang herauswachsen, da diese sonst an der

Basis zu starkes Holz bilden würden, was unserem Ziel – möglichst feines Holz zu bekommen – genau widersprechen würde. Lediglich, wenn wir irgendwo eine Korrektur vornehmen wollen, zu der wir einen stärkeren Ast benötigen, lassen wir einen Ast extrem lang herauswachsen, der dann später allerdings stark zurückgeschnitten wird.

Etwas anders sieht die Sache aus, wenn wir von einer alten Pflanze ausgehen, wie man diese oft bei Zelkowa oder Ulmen sieht. Bei diesen Pflanzen müssen wir zunächst die gewünschte Höhe des Stammes festlegen. Zusätzlich müssen wir dann etwa die halbe zukünftige Krone hinzurechnen. An diesem Punkt wird dann der Stamm rigoros gekappt. Die neuen Zweige und Äste, die dann aus dem Stamm herauswachsen, werden dann nach und nach in die gewünschte Form gebracht. Wenn die Äste einigermaßen stark genug sind, wird die Schnittfläche am Stamm schräg nachgeschnitten, damit der Übergang vom Stamm zur weiteren Stammverlängerung glatter und fließender wird. Ansonsten ist die weitere Erziehung im großen und ganzen ähnlich wie bei der Anzucht aus Jungpflanzen.

10.2 Streng aufrechte Form (Chokkan)

Bei der Erziehung der streng aufrechten Form gehen wir ähnlich vor wie bei der Besenform, auch kann das Ausgangsmaterial das gleiche sein. Was bei dieser Form grundlegend anders ist, sind der Neigungswinkel der Äste zum Stamm und die Länge der Astkrone. Größtes Augenmerk ist bei dieser Stilform auf den harmonischen Verlauf des Stammes zu richten.

Juniperus chinensis ▶
Blauw's Varietät
ca. 8jährige Pflanze
neu geformt

Während bei der Besenform die Äste meistens im spitzen Winkel nach oben vom Stamm weglaufen, sollten sie beim Chokkan im spitzen Winkel leicht nach unten durchhängen, wie wir das von großen alten Tannen oder Fichten her kennen. Die einzelnen Äste sollten sich nach Möglichkeit nicht gegenüber stehen, sondern sich von Ast zu Ast stufenweise bis zur Stammspitze verteilen. Die Stellung und Verlauf der Äste können wir durch Drahten, Spannen oder Binden beeinflussen, wie bei allen Formen.

10.3 Der Moyogi

Die Anzucht des Moyogi ähnelt in etwa der des Chokkan, jedoch liegt der grundlegende Unterschied im Verlauf des Stammes. Ist der Stamm beim Chokkan vom Wurzelhals bis zur Spitze pfeilgerade, so neigt er sich beim Moyoji zu-

nächst leicht schräg nach hinten, um sich dann auf seinem Weg zur Spitze um eine gedachte Linie zu schlängeln. Die eleganten Bögen des Stammes können wir erreichen durch die Arbeiten wie Spannen, Drahten, Zwingen oder Stäben. Welches im Einzelfall der beste Weg ist, hängt davon ab, wie stark oder wie spröde der Stamm ist. Für dünnere, biegsame Stämme ist das Drahten oder Stäben am einfachsten. Bei starken, spröden Stämmen kommen wir ohne Zwingen und Spannen nicht aus. Sehr wichtig für die Eleganz des Moyogi ist die Aststellung und der Abgang der Äste vom Stamm. Die Hauptäste sollen nach Möglichkeit immer aus dem äußeren Scheitelpunkt des Bogens im Stamm herauswachsen. Unbedingt notwendig ist gerade bei dieser Form, auf die Ausgewogenheit der Krone zu achten, das heißt, wir müssen

◀ *Juniperus squamata „Meyeri"*
Blauzederwacholder
ca. 8jährige Pflanze
neu geformt

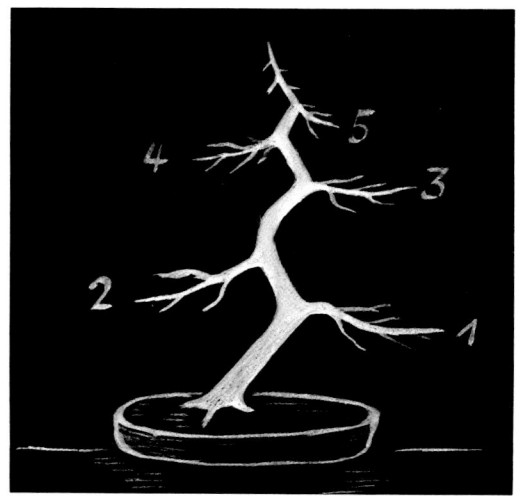

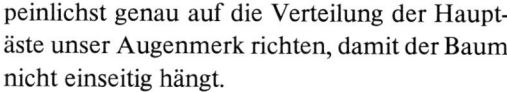

peinlichst genau auf die Verteilung der Hauptäste unser Augenmerk richten, damit der Baum
nicht einseitig hängt.

10.4 Der gespaltene oder zerrissene Stamm

Der gespaltene oder zerrissene Stamm ist in seiner Grundform dem Moyogi oder dem Chokkan
sehr ähnlich. Was wir jedoch beim Moyogi in
besonderem Maße schätzen – die weiche harmonische Linienführung –, das vermissen wir bei
dieser Form ganz und gar.

Diese Form strahlt durch ihr ganzes Erschei-
nungsbild rauhe Wildheit aus, die durch den zer-
fetzten Stamm und die gespaltenen Äste noch
verstärkt wird. Wir erreichen diese Wirkung aber
nur, wenn wir in der Kultur ähnlich gravierende
Eingriffe an der Pflanze vornehmen, wie sie auch

die Natur in freier Wildbahn vornimmt durch
Sturm, Schneebruch, Frostbrüche und Blitz-
schläge.

Wie sollen wir aber die Erscheinungsbilder sol-
cher Naturgewalten auf unsere kleinen Zöglinge
übertragen? Um das bewerkstelligen zu können,
müssen wir uns zunächst einmal wieder in der
Natur umschauen, um überhaupt einmal zu wissen, wie es aussieht, wenn der Sturm einen starken Ast abbricht und Rinde und Holzteile in langen Fetzen mit aus dem Stamm herausreißt,
oder wenn der Blitz in die Spitze eines großen
Baumes einschlägt, sie zerfetzt und längs des
Stammes Zweige, Äste, Rinden und Holzfetzen
absprengt bis zur Wurzel. Anders wiederum
sieht es aus bei Frostbrüchen. Hier spaltet sich
oft der Stamm von oben bis unten auf und es

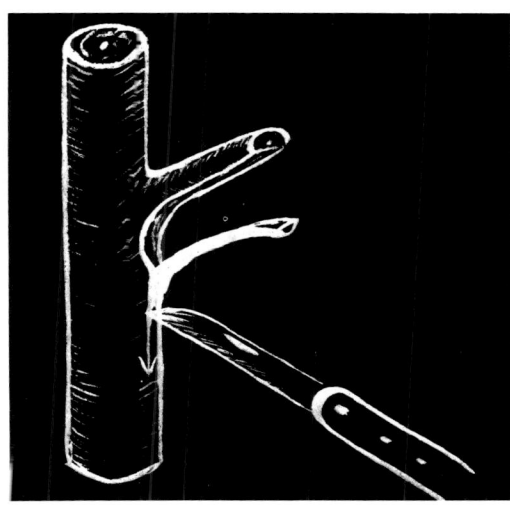

entstehen lange Risse und die Rinde blättert ab, so daß das tote Holz herausschaut, das dann im Laufe der Zeit ausbleicht und verwittert. Da wir bei dieser Form nur wenige Äste benötigen, schneiden wir alle überflüssigen Äste ab, aber nicht glatt am Stamm, wie bei den anderen Formen, bei denen es auf besonders harmonischen Wuchs ankommt, sondern hier lassen wir recht lange Aststümpfe stehen. Diese Aststümpfe spalten wir dann mit dem Messer oder der Wurzelzange auf. Mit der Biegezange fassen wir dann zunächst den unteren Teil des aufgespaltenen Astes und ziehen ihn kräftig nach unten weg, bis er lange Fetzen mit aus dem Stamm herauszieht.

Sie müssen jedoch darauf achten, daß der darunter stehende Ast, der erhalten bleiben soll, nicht mit abgeschält wird. Um das zu verhindern, machen Sie unmittelbar über diesem Ast einen entsprechend tiefen Schnitt in den Stamm. So wird Stück für Stück des Aststumpfes aus dem Stamm herausgerissen, bis nur noch ein kurzer Dorn des ehemals starken Astes stehen bleibt. In gleicher Weise verfahren wir bei allen Ästen, die entfernt werden sollen. Wichtig ist, daß alle Äste, die erhalten bleiben sollen, noch eine direkte Brücke aus Rinde und Kambium bis herunter zur Wurzel behalten, da diese sonst absterben würden. Um beim Herausreißen zu verhindern, daß die Rinde sich seitlich weiter abhebt, als dies gewünscht ist, schneiden wir die seitlichen Kanten besser mit dem Messer vor. Es ist bei dieser Behandlung vielleicht von Vorteil, die Wundränder mit Baumwachs zu behandeln, damit diese schneller und besser verwachsen. Die freiliegenden Holzteile werden gegen Fäulnis behandelt

mit einer Lösung aus Leinöl, Schwefelblüte und Wasser, die ca. 1 Stunde aufgekocht wird. Das Mischungsverhältnis beträgt etwa 110 cm³ Leinöl, 220 Gramm Schwefelblüte und ca. 1 ltr. Wasser. Diese Lösung wird vorsichtig aufgepinselt, so daß nach Möglichkeit nichts auf die Erde in der Schale tropft. Nach etwa einem halben Jahr wird das ganze mit einer kleinen Bürste wieder abgewaschen und neue Lösung aufgetragen. Das sollte zweimal im Jahr gemacht werden.

Der Zeitpunkt für den Schnitt und das Abschälen der Äste und der Stämme ist die Vegetationsruhe, also der Spätwinter. Wichtig zu erwähnen wäre vielleicht auch noch, daß auch die verbleibenden Äste stark eingekürzt werden müssen, da sich der Saftstrom durch das teilweise Abschälen des Stammes stark vermindert hat.

10.5 Gedrehter Stamm und Treibholzform

Beim gedrehten Stamm und bei der Treibholzform sind die Techniken in etwa die gleichen wie bei der vorigen Form, doch wird hier beim gedrehten Stamm zusätzlich der Stamm in sich noch verdreht, so daß es später zu fast spiralförmigen Verwachsungen kommt. Durch dieses Verdrehen des Stammes um die eigene Achse haben wir aber auch die Möglichkeit, Äste, die ungünstig stehen, zu verstellen. Wir können so z. B. Äste von der Vorderseite auf die Rückseite drehen. Diese Arbeiten müssen aber mit sehr viel Fingerspitzengefühl ausgeführt werden, und der Anfänger sollte diese Arbeiten dem erfahrenen Profi überlassen.

Die Treibholzform ist dagegen wesentlich einfacher. Hier werden nur einige Äste, die überflüssig sind, abgeschält und in der oben beschriebenen Weise behandelt gegen Fäulnis. Der Arbeitsvorgang ist etwa folgender: Sie legen zunächst fest, welcher Zweig oder Ast geschält werden soll. Beachten Sie immer dabei, daß der Ast so steht, daß er auch später sichtbar ist und nicht etwa durch verbleibende grüne Zweige verdeckt wird. Abgeschält wird immer von einer Astgabel aus. Zunächst wird dann an dem zu schälenden Ast alles überflüssige und zu dünne Holz entfernt. Das Holz, das erhalten wird, sollte mindestens so dick sein wie eine starke Stricknadel oder eine Kugelschreibermine. Dünneres Holz wäre zu empfindlich gegen Bruch. Bevor Sie nun die Rinde abziehen, schneiden Sie diese an der Basis des Zweiges mit dem Messer oder der Konkav-Zange rundherum bis auf das Holz durch, ohne dieses zu verletzen. Jetzt könnten Sie die Rinde in Streifen abziehen. Sie können sich die Arbeit jedoch erheblich erleichtern, wenn Sie den Zweig vor dem Abschälen mit der Biegezange leicht quetschen. Dabei löst sich die Rinde vom Holzteil, und Sie können sie teilweise mit Leichtigkeit mit der Zange abheben. Nach dem Schälen der Zweige werden Sie in der Regel feststellen, daß die glatt abgeschnittenen Enden der jetzt toten Zweige irgendwie künstlich wirken. Um das zu ändern, spitzen Sie die Enden einfach mit einem Messer oder Schnitzmesser fast dornenartig an, und es sieht alles gleich viel natürlicher aus.

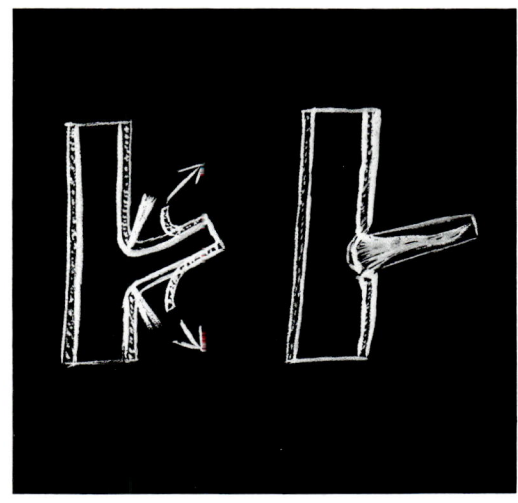

◀ *Juniperus rigida*
Igelwacholder
ca. 70 Jahre alt

Diese Arbeit müssen wir manchmal jedoch auch gezwungenermaßen ausführen, wenn z.B. an einer Pflanze eine Astpartie abstirbt, und wir auf diesen Ast an dieser Stelle wegen der Form nicht ganz verzichten können.

Interessant ist es auch, wenn wir auf diese Weise bei einem Baum die Spitze behandeln. So erhalten wir das Gefühl, einen sehr alten Baum vor uns zu haben, der nicht mehr in der Lage ist, die Nahrung bis in die Spitze zu transportieren.

10.6 Kaskade und Halbkaskade

Bei der Kaskade oder Halbkaskade liegt das Hauptaugenmerk im Gegensatz zu den anderen Stilformen nicht in erster Linie auf dem Stamm, sondern auf der Astkrone. Um eine dieser For-

men heranzuziehen, benötigen wir Pflanzen, die von unten heraus ziemlich gut beastet sind, da der Stamm hier nur sehr kurz ist. Der Stamm wird kurz über dem Wurzelhals möglichst scharf gebogen, so daß er für die Halbkaskade in die Waagerechte oder sogar leicht darüber hinausgeht. Um zu verhindern, daß sich die Zweige auf der Unterseite und im Innenbogen gegenseitig bedrängen, asten wir diese Seite vom Wurzelhals bis zur Spitze vollkommen auf, so daß sie ganz kahl ist. Lediglich in der obersten Spitze lassen wir einige kleine Zweige stehen. Nach dem Aufasten und Biegen des Stammes wird dieser in der gewünschten Stellung fixiert durch Verspannen mit Draht, wie es im Kapitel über das Drahten beschrieben ist.

Für die Kaskadenform ziehen wir den Stamm noch über den Bogen des Gefäßes hinaus, so daß

der Stamm fast senkrecht hinunterhängt. Wichtig ist auch, daß der Wurzelballen fest im Gefäß verankert ist, damit er nicht beim Biegen aus dem Gefäß herausspringt. Nötigenfalls müssen Sie den Wurzelballen im Gefäß festdrahten.

Die Verteilung der Äste ist ähnlich wie beim Chokkan, nur in umgekehrter Richtung. Damit der Bogen des Stammes über dem Wurzelhals nicht so kahl steht, sollten Sie versuchen, durch geschicktes Anordnen der oberen Äste eine Krone aufzubauen, die diesen Bogen etwas verdeckt. Dadurch wird auch gleichzeitig ein Gegengewicht geschaffen zu der herabhängenden Masse der Äste und Zweige.

10.7 Die Floßform

Bei der Beschreibung der Floßform habe ich darauf hingewiesen, daß wir uns bei dieser Form einen Baum vorstellen müssen, der zu Boden gestreckt worden ist und dessen untere Äste abgebrochen sind. Dieses Abbrechen der Äste vollziehen wir nach, indem wir die eine Seite des Stammes vollkommen aufasten. Danach machen wir den Wurzelballen durch Kneten und Klopfen weich, so daß wir den Stamm umlegen können, ohne daß sich der Wurzelballen hochkantet, sondern flach liegen bleibt. Auf der Unterseite des Stammes bringen wir auf der vollen Länge Rindenverletzungen an, um die spätere Wurzelbildung anzuregen. Bei biegsamem Holz ist es nun möglich, die verbliebenen Seitenäste als einzelne Stämme wieder hochzudrah-

◀ ◀ *Juniperus repanda*
Kriechwacholder
neu geformt

◀ *Acer buergerianium*
Dreispitzahorn
ca. 12 – 15 Jahre alt

ten. Bei sehr sprödem, brüchigem Holz wie z. B. beim Acer wäre dies wohl kaum möglich. Beim ersten Versuch, diese Zweige zu biegen, würden sie abbrechen. Aus diesem Grunde werden auch die oberen Zweige auf kurze Aststümpfe zurückgeschnitten. Danach wird der nun fast kahle Stamm in das Erdreich eingelegt und dort sorgfältig fixiert. Zum Schluß wird das ganze mit Erde bedeckt und gleichmäßig feucht gehalten. Nach dieser Behandlung werden unter der Rinde am Stamm schlafende Augen angeregt, zu treiben. Aus diesen treibenden Augen erhalten wir nun neue Schößlinge, die wir dann zu schönen geraden Stämmen erziehen können. Hat der Stamm im Laufe der Zeit genügend eigene Wurzeln gebracht, so können wir den ursprünglichen Wurzelballen langsam entfernen.

10.8 Die windgepeitschte Form

Bei der Gestaltung der windgepeitschten Form gehen wir zunächst etwa in gleicher Weise vor wie bei der Kaskade oder Halbkaskade. Wie der Name „windgepeitscht" schon sagt, wollen wir einen Baum gestalten, der vom Wind bedrängt wird, indem er den Stamm und die Äste alle in eine Richtung drückt. Bei Bäumen in freier Natur, die ständig solchen Winden ausgesetzt sind, haben wir auf der Windseite deshalb umgedrückten Stammes kaum oder gar keine Äste, während im Windschatten des Stammes die Äste langgestreckt und fast waagrecht stehen. Das heißt für unsere Gestaltung: Wir müssen den Stamm neigen und auf der Oberseite fast gänzlich entasten. Danach werden die Äste auf der Unterseite soweit hochgedrahtet, daß sie fast

◄ *Cedrus atlantica „Glauca" Blaue Atlaszeder ca. 9jährige Pflanze neu geformt*

waagerecht stehen. Die Verteilung und Formung der Äste ist ähnlich wie beim Chokkan. Es macht sich auch sehr gut, wenn Sie diese Stilform aus einer Pflanze mit mehreren Stämmen herausarbeiten. Natürlich müssen Sie dann jeden Stamm einzeln formen.

Der Neigungswinkel des Stammes kann 45° und mehr betragen. Die Übergänge von der windgepeitschten Form zur Halbkaskade sind sehr fließend, und es wird oftmals am Betrachter liegen, in welche Kategorie er die jeweilige Pflanze einordnet.

10.9 Netsuranari – „die sich hin und her windende Wurzel"

Der Netsunagari ist eine Waldform, bei der die einzelnen Stämme über eine Wurzel verbunden sind, ähnlich wie bei der Floßform, nur daß die

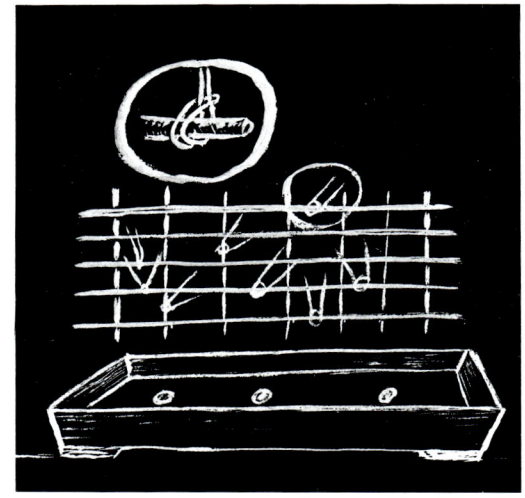

Juniperus chinensis „Blauw's Varietät Wacholder ca. 10jährige Pflanze neu geformt ▶

Stämme hier nicht alle aus ein und demselben herauswachsen und dadurch fast wie Alleebäume fast alle in einer Linie stehen, sondern hier legen wir die einzelnen Äste so in den Boden, daß die Spitzen wieder herausschauen, um als neue Stämme wieder heranzuwachsen.

Die Spitzen der Äste und Zweige werden so gelegt und arrangiert, daß sie später eine geschlossene Waldgruppe ergeben. Fixieren können Sie die Äste und Zweige zwar durch Andrahten, jedoch werden Sie dann später Schwierigkeiten haben beim Entdrahten. Sehr nützlich bei dieser Arbeit ist ein Gitter aus Bambusstäben, auf dem Sie den Stamm und die Äste in der gewünschten Form festbinden können. Die so fixierte Pflanze wird dann mit diesem Gitter eingepflanzt. Wenn sich nun die Pflanze fest eingewachsen hat, kann

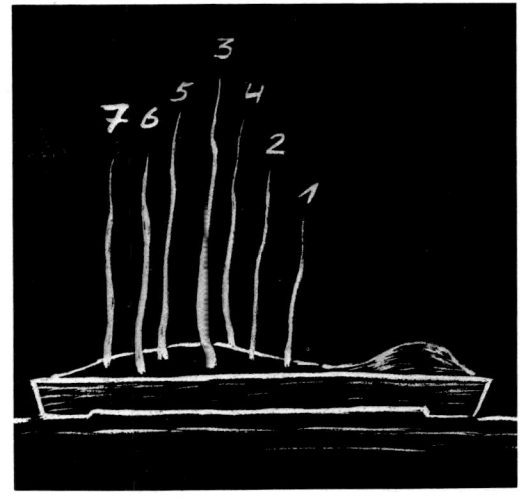

man beim ersten Umtopfen das Gitter Stab für Stab lösen und aus dem Wurzelballen herausziehen, ohne diesen ganz entfernen zu müssen, wie das beim Drahten der Fall ist. Der weitere Aufbau der einzelnen Stämme ist der gleiche wie beim Chokkan.

10.10 Yose-Ue – Die Waldform
Die Waldform ist eine von den bisher behandelten Formen vollkommen abweichende Gestaltungsform. Sie ist so variabel, daß wir in dieser Stilform fast alle Wuchsformen vom Chokkan über den Moyjogi bis hin zum Windgepeitschten Baum vereinigt sehen. Ich will mich daher hier darauf beschränken, die einzelnen Techniken zu beschreiben, die wir beherrschen müssen, wenn wir solch einen Wald gestalten wollen. Zunächst ist da die Auswahl der Pflanzen. Diese ist von

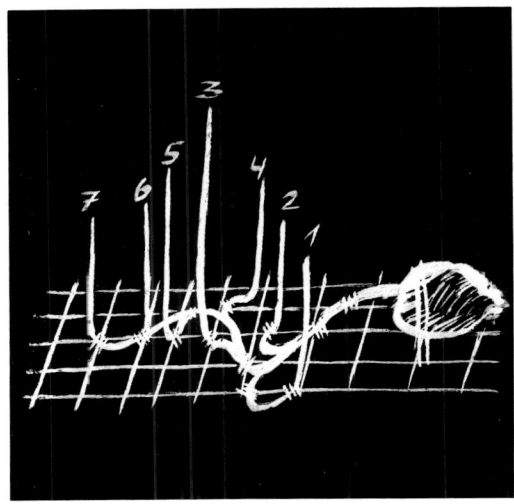

ganz entscheidender Bedeutung für das Gelingen unseres Arrangements. Wie schon gesagt, benötigen wir für diese Pflanzung die unterschiedlichen Wuchsformen und -stärken bei den einzelnen Pflanzen. In jeder Waldpflanzung haben wir den Hauptbaum. Dieser ist der größte Baum in der Gruppe, dann folgen der zweitgrößte, drittgrößte u.s.w. bis hin zum 3–4jährigen Sämling. Wichtig ist, daß später alle Bäume so zueinander passen, als wären sie von Natur aus miteinander aufgewachsen. Plaziert wird der größte Baum so im Gefäß wie ein Einzelbaum. Zu diesem Hauptbaum werden nun der zweit- und der drittgrößte gestellt, so daß diese ein Dreieck bilden. Zu diesen werden nun immer kleinere und dünnere Bäume arrangiert, wobei die kleineren immer möglichst hinter den größeren stehen.

Durch diese Staffelung der Pflanzen bleibt der Wald nach vorne zum Betrachter hin relativ offen, so daß man den gesamten Aufbau erkennen kann, wie bei einem Einzelbaum. Genauso ist es mit der Staffelung der Bäume nach ihrer Größe. Der größte, der zweit- und der drittgrößte Baum bilden ein Dreieck in der Form, daß der Hauptbaum vorne möglichst frei steht und die zwei nächst großen Bäume rechts und links hinter ihm stehen, so daß sie noch deutlich erkennbar sind. Alle anderen Bäume werden nun diesen Hauptbäumen zugeordnet, wobei sie zum hinteren und seitlichen Rand hin immer kleiner werden. Wir können nun den Wald in einer geschlossenen Gruppe pflanzen, oder aber

Carpinus laxiflora
Hain- oder Weißbuche
Alter ca. 8 – 15 Jahre

wir können den Wald in verschiedene Gruppen aufteilen, wobei dann die Hauptbäume auf die einzelnen Baumgruppen verteilt werden. Durch die Aufteilung in Gruppen erhalten wir Freiräume zwischen den Bäumen, so daß man den Eindruck hat, als schaue man in eine Schneise oder auf eine Waldlichtung. Wir können also bei der Gestaltung eines Waldes unserer Phantasie freien Lauf lassen.

Die **Technik** beim Pflanzen eines Waldes unterscheidet sich jedoch ein klein wenig von der Arbeitsweise, wie wir sie beim Einpflanzen eines Einzelbaumes anwenden. Da wir es bei der Pflanzung eines Waldes in der Regel mit relativ jungen Bäumen zu tun haben, die noch keinen ausgesprochenen Wurzelballen gebildet haben, gibt es oft Schwierigkeiten, diese Pflanzen so in

 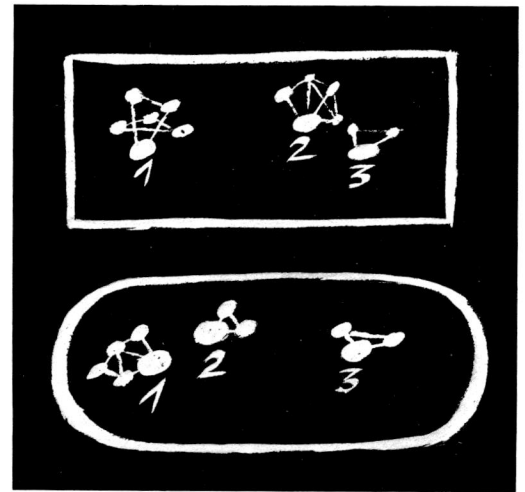

der Schale zu verankern, daß sie auch fest stehen bleiben und in Ruhe anwachsen können.

Da die Schalen für die Waldformen meistens sehr flach gehalten werden, damit die Bäume einmal möglichst groß erscheinen und zum anderen will man vermeiden, daß die Schale durch ihren hohen Rand zu schwer und zu stark wirkt. Um nun aber das Wurzelwerk in einer solch flachen Schale unterbringen zu können, müssen wir meistens einen sehr starken Wurzelschnitt vornehmen. Entsprechend müssen wir dann auch in der Astkrone schneiden, um das Gleichgewicht zwischen Astkrone und Wurzelkrone wiederherzustellen. Wollten wir nun versuchen, diese Pflanzen mit so stark geschnittenem Wurzelwerk in der Schale zum Stehen zu bringen, so bekämen wir wohl Schwierigkeiten,

denn sie würden immer wieder umfallen. Eine Pflanze mit Erdballen steht eben viel besser.

Also geben wir unseren Pflanzen doch einfach einen Erdballen. Zu diesem Zweck benötigen wir ganz normalen Lehm, aus dem wir einmal eine Lehmbrühe anrühren und zweitens einen nicht zu dicken Brei ansetzen. Die Wurzeln der vorgesehenen Bäume werden zunächst bis zum Wurzelhals in die Lehmbrühe getaucht und leicht hin und her geschwenkt, so wie man es auch macht, wenn man draußen im Garten Rosen, Ziersträucher oder Obstbäume ohne Erdballen pflanzt. Dieses Tauchen in Lehmbrühe hat den Sinn, das gesamte Wurzelwerk mit einer lückenlosen Schicht zu überziehen, damit ein Austrocknen verhindert wird und die Wurzeln sofort wieder „Erdschluß" haben.

118

Nach dem Tauchen lassen wir die Lehmbrühe leicht abtropfen und packen um die Wurzeln der einzelnen Bäume eine Kugel aus dem Lehmbrei. Natürlich darf dieser künstliche Wurzelballen nicht zu groß sein, sonst bekommen wir später Schwierigkeiten bei der Plazierung der Pflanzen in der Schale, wenn wir die Stämme nicht eng genug zusammenbringen. So vorbereitete Pflanzen können wir nun in der Schale hin und her schieben, bis wir den richtigen Platz gefunden haben, so daß wir durch Experimentieren die optimale Plazierung herausfinden können.

Eine andere Art, die Pflanzen in der Schale zu befestigen, ist das Anbinden mit Draht, der durch die Abzugslöcher im Schalenboden gezogen wird. Jedoch müssen wir uns bei dieser wie

auch bei allen anderen nachfolgend beschriebenen Arbeitsweisen vorher Klarheit darüber verschaffen, wie wir die einzelnen Pflanzen in der Schale plazieren wollen, damit wir die Befestigungsvorrichtungen genau dorthin bringen, wo die Pflanzen dann auch stehen sollen.

Da ist es am besten, wenn man sich anhand einer kleinen Handskizze die genauen Punkte festlegt. Das erspart oft unnütze Arbeit oder ein unbefriedigendes Ergebnis. Wollen wir die Wurzeln der Bäume mit Draht in der Schale befestigen, so ist es vorteilhaft, wenn mehrere Abzugslöcher im Boden vorhanden sind, da wir dadurch mehr Möglichkeiten haben, die Drähte in verschiedenen Richtungen zu legen.

Eingepflanzt wird eigentlich wie ein Einzelbaum. Zunächst wird die Schale in gewohnter

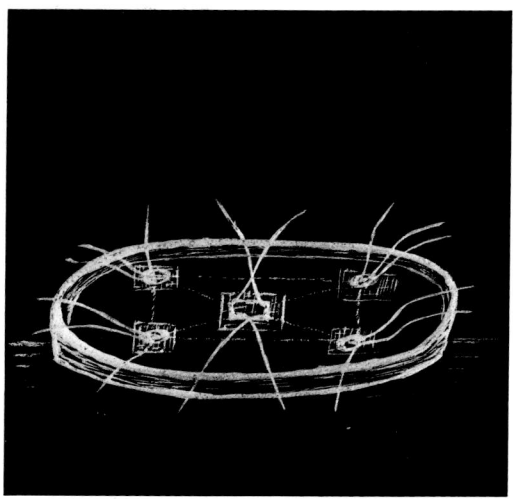 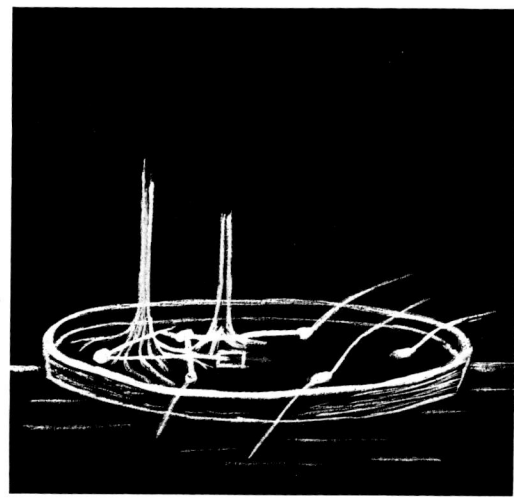

Weise vorbereitet. Die Netze werden in üblicher Weise über den Abzugslöchern befestigt und anschließend werden von unten her die Befestigungsdrähte durch die Netze gesteckt, so daß wir später die Enden über den Wurzelballen zusammendrehen können. Anschließend füllen wir eine dünne Schicht Erde ein, auf die nun die Wurzelballen gestellt werden. Versuchen sollten wir, die Wurzeln möglichst flach und sternförmig auseinander zu spreizen. Zunächst setzen wir den Hauptbaum und dann die nächsten immer schwächeren Bäume und versuchen dabei immer, die Wurzeln der einzelnen Bäume ineinander zu verzahnen, so daß wir möglichst bald einen kompletten Wurzelballen erhalten.

Wenn nun alle Bäume gesetzt sind, dann ziehen wir vorsichtig die Drahtenden über die Wurzeln und verdrehen sie gegeneinander. Bei dieser Arbeit ist unbedingt darauf zu achten, daß die Bäume nicht insgesamt oder gegeneinander verschoben werden, da sonst das Gesamtbild nicht mehr stimmen würde. Nach dem Verankern der Pflanzen wird in üblicher Weise die restliche Erde eingebracht, die Oberfläche geglättet und gewässert.

Wem nun die Bäume noch nicht fest genug stehen, der hat noch weitere Möglichkeiten, diese gegeneinander zu verankern. Er kann einmal unmittelbar an oder unter der Erdoberfläche S-förmige Drahtschlingen legen von einem Stamm zum anderen, so daß sich die Stämme gegenseitig halten, oder aber er kann mit einem dünnen Draht die Spitzen der Kronen gegeneinander versprießen, so daß die Bäume von

120

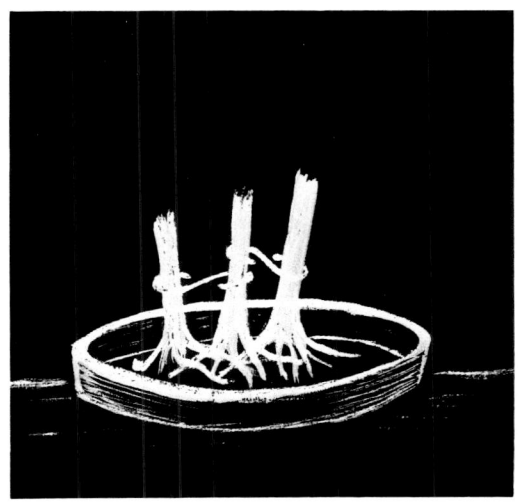 

oben her Halt bekommen. Eine andere, zwar etwas aufwendigere aber sehr wirksame Art der Verankerung in der Schale ist ein mit Drahtschlaufen versehenes Gitter aus dünnen Bambusstäben. Dieses Gitter können Sie sich leicht selber herstellen aus Bambusstäben, wie sie überall zum Aufstäben von Blumen verwendet werden. Diese Stäbe binden Sie kreuzweise zu einem Gitter zusammen, wobei Sie die Abstände nicht zu weit wählen sollten. Ist das Gitter fertig gebunden, dann wird es in die vorgesehene Schale eingepaßt, so daß es frei am Boden liegt.

Danach werden an den Stellen, an denen später die Bäume stehen sollen, einfache Drahtschlaufen befestigt, mit denen die Wurzeln später befestigt werden. Bei dieser Arbeitsweise haben wir später immer noch die Möglichkeit, durch Ver-

schieben der Drahtschlaufen längs der Stäbe den Standort der einzelnen Bäume zu korrigieren. Der weitere Arbeitsablauf ist der gleiche wie vorher schon beschrieben.

Ein Punkt, der hier noch angesprochen werden sollte, ist die Gestaltung der Erdoberfläche bei den Waldformen. Normalerweise ist man vielleicht geneigt, die Erdoberfläche in der Schale völlig glatt abzuziehen, so daß sie mit dem oberen Schalenrand abschließt. Das mag hier und da eine gute Wirkung bringen, jedoch ist es in den meisten Fällen wirksamer, die einzelnen Baumgruppen etwas erhöht zu pflanzen, auch dann, wenn Ihr Wald aus mehreren Gruppen besteht.

Lassen Sie zwischen diesen Erhöhungen das Niveau immer etwas abfallen, um es dann zur nächsten Gruppe hin wieder etwas ansteigen zu

lassen. Hüten Sie sich jedoch davor, irgendwelche abrupten Berge aufzubauen, denn das
würde die ganze Gruppe viel zu unruhig
machen. Vielmehr soll das Ganze ja sehr ruhig
und harmonisch wirken, und dazu benötigen wir
leichte, fließende Linien.

Haben wir nun unseren Wald gepflanzt und die
Oberfläche modelliert, dann können wir noch
etwas tun, was das Gesamtbild erst richtig abrun-
det, nämlich die Oberfläche mit Moos abdecken.
Zu diesem Zweck suchen wir ein Moos, das
möglichst kurz und fest ist. Ein normales Wald-
moos wäre hier von der Struktur her viel zu grob.
Am besten ist das silbrig grüne Moos, das auf
Sandwegen oder auf Steinen und altem Ge-
mäuer wächst. Mit einem Teppich aus diesem
Moos schaffen Sie eine Verbindung zwischen

den einzelnen Bäumen bzw. den einzelnen
Baumgruppen, so daß diese nicht mehr so iso-
liert dastehen.

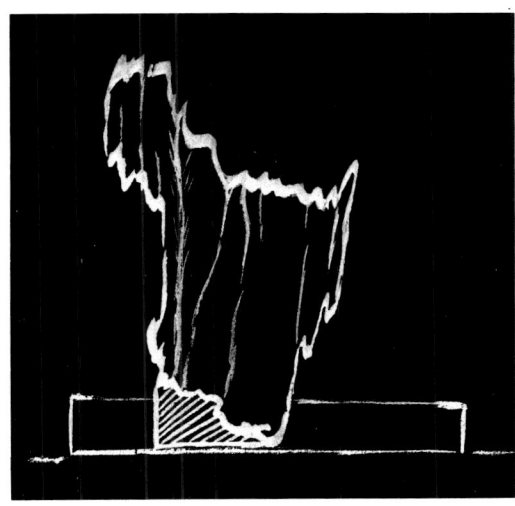

10.11 Sekijoju – „Wurzel über Stein" Form
Eine sehr ansprechende Form ist die „Wurzel über Stein"-Form. Hier müssen Stein und Pflanze miteinander harmonieren. Es genügt also nicht, nur eine geeignete Pflanze zu finden oder zu erziehen, sondern wir müssen auch Ausschau halten nach einem geeigneten Stein. Dieser Stein sollte eine schöne Struktur haben. Ein glatter Flußkiesel würde einmal zu leblos und langweilig wirken, zum anderen würden wir nur schlecht einen Platz auf dem Stein finden, um die Pflanze aufzusetzen. Was wir benötigen ist ein Stein, der aussieht wie ein Ausschnitt aus dem Gebirge, mit einer bewegten Oberfläche, mit tiefen Furchen und schroffen Graten. Die aktiven, bewegten Teile des Steines bleiben bei

der Gestaltung frei sichtbar. Der Baum sollte auch niemals auf der Kuppe des Steines stehen, sondern immer etwas unterhalb, so wie wir es auch aus dem Gebirge kennen. Dort steht der Baum auch in einer Senke oder auf einem Plateau, und er wirkt dadurch wie ein Reiter im Sattel. Einen solchen „Sattel" sollten wir auch auf unserem Stein suchen. Wichtig ist noch, daß der Stein einen flachen Fuß hat, auf dem er sicher steht. Nötigenfalls müssen wir hier mit Hammer und Meißel nachhelfen oder ein klein wenig Zementspeis unterlegen.

Haben wir nun unseren Stein genau betrachtet und den Punkt für die Pflanzung festgelegt, dann müssen wir die zu diesem Stein passende Pflanze aussuchen. Die eine Pflanze muß nun in ihrem ganzen Habitus und ihrer Linienführung nach zu dem Stein passen, da sonst der Gesamteindruck später unharmonisch wirken würde. Gegeneinander verlaufende Linien zwischen Stein und Pflanze würden einfach stören.

So wie wir jetzt zunächst vom Stein ausgegangen sind, zu dem wir dann die passende Pflanze gesucht haben, können wir aber auch von der Pflanze ausgehen, zu der wir dann den passenden Stein suchen.

Wie muß nun aber die Pflanze beschaffen sein, deren Wurzeln wir über den Felsen ziehen wollen? Nun, wie schon gesagt, muß die Pflanze von der Form her so beschaffen sein, daß sie mit dem Felsen in Einklang gebracht werden kann. Von der praktischen Seite her sollten wir aber

124

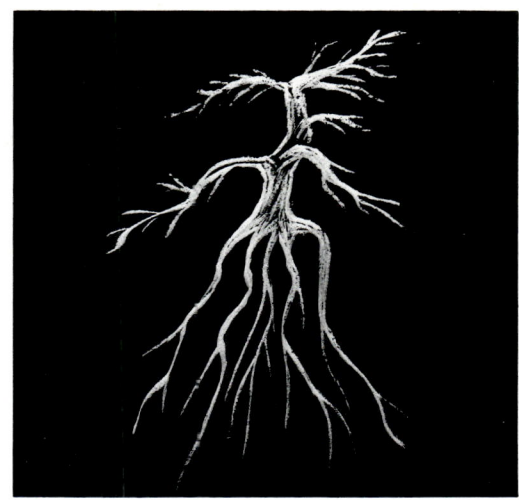

auch darauf achten, daß die Wurzeln der Pflanze lang genug sind, daß sie bis hinunter ins Erdreich gehen. Das heißt also, wir schneiden bei dieser Gestaltungsform nicht wie bei den anderen Einzelbonsai das Wurzelwerk stark zurück, sondern wir belassen es fast in der vollen Länge. Lediglich die Wurzelspitzen werden leicht angeschnitten.

Arbeitsgang

Nachdem wir nun Stein und Pflanze ausgesucht haben, machen wir uns zunächst daran, alle benötigten Materialien zu besorgen. Wir benötigen für diese Form neben Pflanze, Stein, Schale, Netze und Erde noch einige Sachen, um die Pflanze auf dem Stein zu befestigen, nämlich Draht, Material zum Abpolstern von Druckstellen (Gummi oder ähnliches) Sphagnum oder

sehr sandige Erde und eine Plastikmanschette oder einen Folienbeutel, der über den Stein paßt.

Die eigentliche Arbeit beginnt damit, daß wir den Stein vorbereiten. Wir legen zunächst einmal fest, wo die Vorderseite und wo die Rückseite sein soll und ebenso die Standfläche. Für die Vorderseite wählen wir immer die Seite aus, die von Natur aus ein gewisses Eigenleben mitbringt, die eine interessante Struktur hat und gute Möglichkeiten bietet, die Wurzeln längs der Spalten und Ritzen hinunter zu führen bis in die Erde. Die Rückseite des Steines kann dabei ruhig einfacher und glatter sein. Nun wird aber nicht jeder Stein, den wir uns ausgesucht haben, gerade in dieser Stellung, wie wir uns das wünschen, stehenbleiben, sondern meistens müssen wir an der Sohle des Steines ein wenig

nachhelfen. Entweder müssen wir mit Hammer und Meißel die Unterseite etwas glätten oder aber mit etwas Zementmörtel die Stellfläche des Steines soweit unterlegen, bis dieser genau richtig und fest steht.

Nachdem wir unseren Stein in dieser Weise präpariert haben, bereiten wir noch die Schale in bekannter Weise vor.

Nach diesen Vorbereitungen beginnen wir mit der Pflanze. In unserem speziellen Fall hier wird die Pflanze aus ihrem Gefäß herausgenommen wie zum Umtopfen. Anders wie beim Umtopfen, entfernen wir aber nun die gesamte Erde aus dem Wurzelballen, so daß alle Wurzeln freiwerden. Nun haben wir einen genauen Überblick, was überhaupt an Wurzeln vorhanden ist. Gut ist

es, wenn wir die Pflanze vor dem Verarbeiten einige Tage etwas trockener halten, da dann die Erde besser aus dem Wurzelballen herausrieselt.

Nachdem wir nun die Erde entfernt haben, müssen wir ausprobieren, wie wir die Pflanze am besten auf dem Stein plazieren können. Dabei ist es vor allem wichtig zu entscheiden, welche Wurzeln auf die Vorderseite und welche auf die Rückseite des Steines kommen sollen, denn hier können wir später nur wenig korrigieren. In der Astkrone ist das wesentlich leichter. Auch soll die Pflanze möglichst fest in ihrem Sattel sitzen, denn auch das ist später kaum zu ändern. Als nächstes müssen wir entscheiden, wie die Wurzeln am Stein herablaufen sollen. Es ist immer von Vorteil, wenn der Stein irgendwelche Furchen, Risse oder Vertiefungen aufweist. In eben

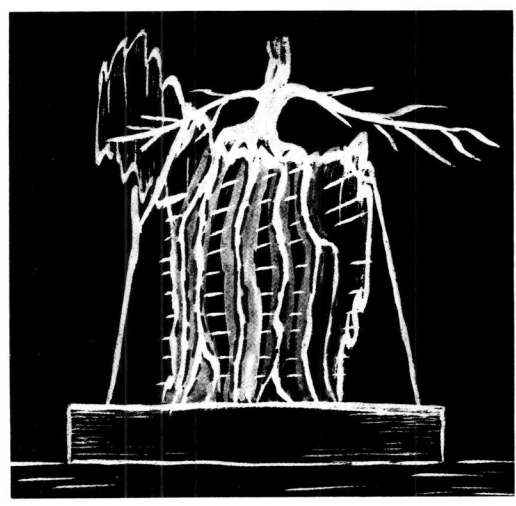 

diese werden wir versuchen, die Wurzeln hineinzulegen. Nun werden aber die Wurzeln nicht so ohne weiteres in diesen Vertiefungen liegenbleiben, da sie ja vollkommen anders gewachsen sind. Um zu erreichen, daß die Wurzeln in der gewünschten Lage bleiben, umwickeln wir den Stein mit einer unverrottbaren Schnur so fest, daß die Wurzeln richtig in die Furchen und Rinnen hineingepreßt werden. Die langen Wurzeln, die noch über die Standflächen des Steines hinausgehen, werden nicht abgeschnitten, sondern sie bleiben und werden später in der Schale mit eingepflanzt. Nachdem wir die Wurzeln nun am Stein befestigt haben, überziehen wir die Wurzeln mit einem dicken Lehmbrei, der die Wurzel und den darunter befindlichen Stein gut bedecken muß. Diese Lehmpackung hat den Sinn, die Wurzel ständig feucht zu halten. Nach

dieser Lehmpackung wird der Stein mit der Pflanze in gewohnter Weise in die Schale eingepflanzt, wobei die Wurzeln, die über die Standfläche des Steines herabhängen, wie bei einem normalen Baum in der Schale sternförmig auseinandergelegt werden. Wichtig ist es noch, den Stein durch Anbinden in der Schale zu sichern, damit er nicht umkippen kann. Bei einem normalen Bonsai wären wir jetzt mit unserer Arbeit fertig, doch bei der Felsenform müssen wir noch etwas mehr tun. Damit die Wurzel am Stein möglichst kräftig wird, müssen wir einen Zustand simulieren, als wenn sie im normalen Boden wachsen würde. Um das zu erreichen, haben wir einmal die Lehmpackung entlang der Wurzel, die jedoch beim Gießen bald abgewaschen würde. Um das zu verhindern, stellen wir um den Stein bis in Höhe des Wurzelhalses

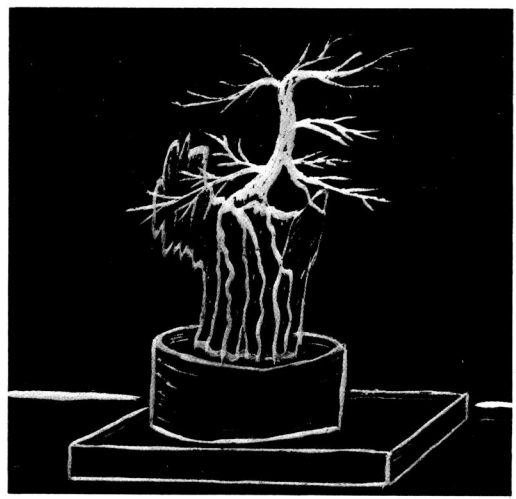 

der Pflanze eine Manschette aus Plastikfolie, die wir mit sehr sandiger Erde auffüllen. Beim Gießen bremst nun diese sandige Erde zunächst den Wasserlauf, so daß die Lehmpackung genügend Zeit hat, sich vollzusaugen.

Anschließend zieht aber das Wasser in der sandigen Erde recht rasch ab, der Lehm hält jedoch das Wasser ziemlich fest, was zur Folge hat, daß sich die neuen Wurzeln meistens in dieser ständig feuchten Lehmpackung halten und so zusätzlich am Felsen gehalten werden. Nach einer Wachstumsperiode kann nun der obere Teil der Manschette nach unten eingeschlagen oder einfach abgeschnitten werden, so daß der obere Teil der Wurzeln und der Wurzelhals freigelegt werden. So wird dann stückweise Jahr für Jahr der Stein um einige Zentimeter freigelegt,

bis die Manschette mit der Erde ganz verschwunden ist. Auf diese Weise verwachsen Stein und Pflanze zu einer Einheit. Die Formgebung der Astkrone und das Umtopfen erfolgen in gewohnter Weise wie bei einem Einzelbonsai.

10.12 Ishitsuki-Form

Die reine Felsenpflanzung unterscheidet sich grundsätzlich dadurch von der vorigen Form, daß bei dieser Form die Pflanze nur auf dem Felsen wächst. Sie hat keine Verbindung mit der Erde in der Schale, sondern sie muß sich mit einer Handvoll Erde auf dem Felsen begnügen. In der Schale befindet sich oft nur klares Wasser oder feinkörniger Kies oder Sand, in dem dann der Felsen aufgestellt wird.

Bei der Auswahl des Felsens müssen wir nicht nur auf die optische Wirkung achten, sondern wir müssen auch besonders auf die Standfestigkeit achten, denn dieser Stein muß ja frei stehen, und er kann nicht verankert werden. Das heißt also, wir müssen einen Stein wählen, der erstens optisch alle Voraussetzungen mitbringt wie bei der „Wurzel über den Stein-Form", der zweitens vom Schwerpunkt her so günstig ist, daß er stabil steht, und der drittens eine gute Standfläche hat.

Da bei dieser Pflanzung der Baum aber nur auf dem Felsen wächst, muß der Stein aber zusätzlich noch eine möglichst rauhe Oberfläche haben, damit sich die Wurzeln gut auf dem Stein verankern können.

Der Platz auf dem Stein, den wir für den Baum aussuchen, ist in etwa der gleiche wie bei der vorigen Form, jedoch können wir hier die Wurzeln nicht einfach durch Umwickeln mit Schnur auf dem Felsen verankern, sondern wir müssen auf einem begrenzten Raum Wurzel für Wurzel

Acer palmatum jap. Fächerahorn auf Stein Alter ca. 12 Jahre

möglichst fest verankern. Sonst könnte es geschehen, daß bei Trockenheit oder bei Frost sich der ganze Erdballen mit der Pflanze vom Felsen abhebt und all die feinen Wurzeln abreißen.

Die Vorbereitung der Pflanze ist im Prinzip die gleiche wie bei der vorigen Form, jedoch schneiden wir hier in diesem Fall die Wurzeln so weit zurück, daß wir sie in dem Erdballen, den wir auflegen wollen, unterbringen können.

Beginnen sollten wir zunächst mit dem Stein. Nachdem wir uns entschieden haben, wo wir die Pflanze plazieren wollen, müssen wir zunächst einmal die Pflanze probeweise auf den Felsen aufsetzen, um zu ermitteln, wo wir die Befestigungsdrähte am Stein anbringen müssen. Die einzelnen Punkte zeichnen wir gleich an.

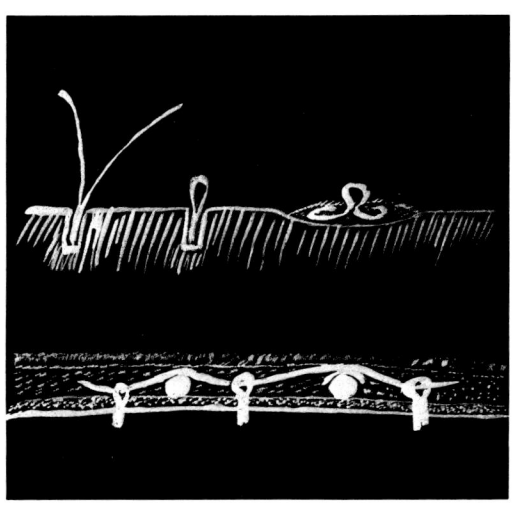

Wie der einzelne nun seine Befestigungen anbringt, wird einmal abhängen von seinen handwerklichen Fähigkeiten und Möglichkeiten und auch von der Art des Gesteins, das er verwendet. Am leichtesten ist es, wenn man Lavagestein verwendet, weil es sehr weich ist.

Bei diesem Stein kann man einfach Drahtkrampen einschlagen, wie man sie benützt, wenn man Zäune oder Draht befestigt. Durch diese kann man dann später bequem seine Drähte zur Befestigung der Wurzeln ziehen. Haben wir ein sehr hartes Gestein, so müssen wir mit einer Bohrmaschine Löcher vorbohren und die Ösen oder gleich entsprechend lange Drähte darin festkleben. Dazu können wir entweder einfachen Montagezement nehmen, der sehr rasch hart wird, oder andere geeignete Kleber.

Wer sich aber das Bohren mit der Maschine ersparen will, der kann auch geeignete kleine Ösen einfach mit einem entsprechenden Kleber auf den Stein aufkleben.

Wenn wir nun unsere Ösen befestigt haben, dann ziehen wir durch alle einen Draht und knikken diesen etwa in der Mitte um, so daß die Enden nebeneinander liegen. Nach diesen vorbereitenden Arbeiten können wir endlich mit dem eigentlichen Pflanzvorgang beginnen.

Zu diesem Zweck überziehen wir den Stein an der Stelle, an der wir die Pflanze aufsetzen wollen, mit einem Brei aus Lehm und Torf oder aus Lehm und fein zerriebenem Torfmoos. Diese Schicht bildet das Bett für die Wurzeln, und sie sollte etwa 1–2 cm stark sein. Nun nehmen wir die Pflanze und setzen sie in der vorgesehenen

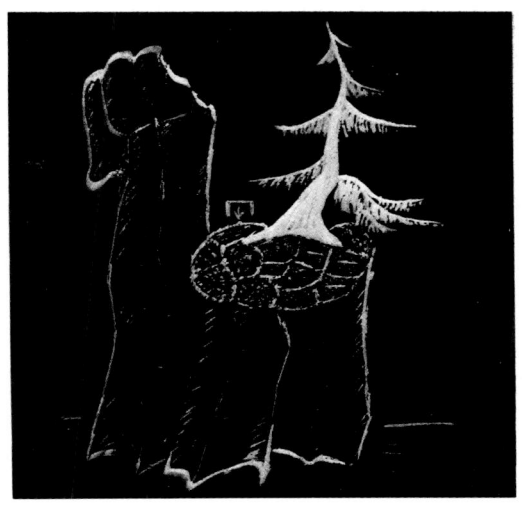

Weise auf. Achten Sie darauf, die Pflanze an sich schon fest anzudrücken und auch anschließend die Wurzeln. Diese müssen in dem Brei fest auf dem Stein liegen. Im Anschluß daran wird von der Pflanze her je ein Drahtpaar nach dem anderen verspannt, bis Pflanze und Wurzeln möglichst fest sitzen. Die Druckstellen polstern wir etwas ab, damit die Wurzeln nicht unnütz verletzt werden.

Anschließend überziehen wir das Ganze mit einer zweiten Lehmbreischicht, die alles bedeckt. Diese Schicht bildet später den einzigen Lebensraum für den Baum, und deshalb sollte er nicht zu knapp bemessen sein.

Nun ist zwar der Felsen bepflanzt, jedoch würde uns beim Gießen trotz aller Vorsicht die aufgelegte Erde abgespült werden. Wir könnten es kaum verhindern. Aus diesem Grunde bedekken wir den aufgelegten Erdballen vollkommen mit einem möglichst kurzen Moos. Die Moosplatten werden auf der Unterseite weitgehend von Erde befreit und gut angefeuchtet und danach an den noch nassen Lehmballen auf dem Stein angedrückt, wo sie in der Regel dann gut haften bleiben. Sicherheitshalber können wir die einzelnen Moosstücke aber auch noch mit u-förmig gebogenen Klammern aus Aluminiumdraht feststecken.

Die weitere **Behandlung** ist zunächst die gleiche wie bei allen frisch eingetopften oder umgetopften Bonsai, das heißt: Aufstellen an einem schattigen Standort und häufigeres Übersprühen. Danach wird die Pflanze langsam wieder an

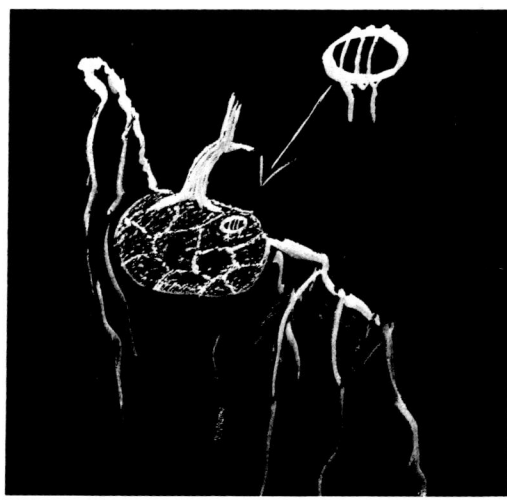

das volle Licht gewöhnt. Gedüngt wird bei der Felsenpflanzung später am besten mit einer Düngerlösung, da feste Dünger abgespült würden.

Ein Umtopfen im normalen Sinne gibt es bei dieser Form nicht. Wir müssen aber trotzdem nach einer gewissen Zeit der Pflanze frische Erde zuführen. Das geschieht in der Form, daß wir zunächst einmal zur normalen Umtopfzeit das Moos von dem Erdballen auf dem Stein entfernen, ohne die Wurzeln abzureißen. Danach wird ein Teil der losen Erde vorsichtig entfernt. Im Anschluß wird wieder eine Schicht unserer Lehm-Torf-Moosmischung aufgezogen, wie wir sie auch beim ersten Bepflanzen benützt haben. Das Moos wird in bekannter Weise wieder aufgelegt und der Felsen im Schat-

ten aufgestellt. Die Überwinterung sollte möglichst frostfrei sein, da sonst immer die Gefahr besteht, daß der Erdballen durch den Frost vom Stein abgehoben wird. Es käme dann zum Abbröckeln der Erde, und das Gießwasser würde durch die entstandenen Risse zu schnell abfließen, und es gäbe für die Pflanze gefährliche Auswaschungen. Während der Sommerzeit ist es unbedingt notwendig, die Feuchtigkeit des Erdballens häufig zu kontrollieren und, wenn nötig, zu gießen oder zu sprühen. Wenn wir den Felsen in eine Schale mit Wasser stellen, dann saugt der Stein Wasser auf und verdunstet an der Oberfläche. Dadurch erreichen wir eine gewisse Kühlung und zum anderen steigt außen am Felsen immer etwas feuchte Luft hoch.

Sollte der Stein trotz aller Sorgfalt doch einmal ausgetrocknet sein, so ist es durchaus möglich, ihn einmal ganz in Wasser zu tauchen, damit sich Stein und Erdballen wieder richtig vollsaugen können.

10.13 Saikei

Das Saikei, eine sehr beliebte Form der Miniaturlandschaft, setzt eigentlich keine neuen Arbeitstechniken voraus, sondern bei dieser Form müssen wir fast alle Techniken anwenden, die wir bisher besprochen haben, sei es das normale Eintopfen der Pflanzen, das Aufsetzen auf Steine, das Drahten, das Auflegen von Moos u.s.w. Die Pflege ist die gleiche wie beim Ishitsuki oder wie bei der Waldform, je nachdem, welchen Landschaftstyp wir jetzt gerade darstellen wollen.

11 Zimmerbonsai oder Indoor-Bonsai

Es tauchen immer wieder Nachrichten, Berichte und falsche Empfehlungen auf über Zimmerbonsai. Oft werden Pflanzen als zimmertauglich angepriesen, weil sie aus China oder als -untauglich, weil sie aus Japan kommen.

Ob tauglich oder nicht tauglich für die Wohnung, entscheidet allein die Sorte. Entscheidend ist, ob die jeweilige Pflanze in einem Klimabereich wächst, der unserem Klima mit seinem ausgesprochenen Sommer-Winterrhythmus entspricht oder ob es sich um Pflanzen aus dem subtropischen bis tropischen Klima handelt. Pflanzen aus den beiden letzten Klimazonen haben ein fast ständiges Wachstum ohne eine ausgesprochene Winterruhe.

Wir brauchen uns nur einmal in den Gärtnereien, in Botanischen Gärten umzuschauen. Fast alles, was hier in den Warmhäusern wächst und was von der Form und vom Blatt her geeignet wäre als Bonsai, können wir als Zimmerbonsai umformen. Die Techniken sind die gleichen wie bei den anderen Bonsai. Sie können also Ihr Blumenfenster in eine Zimmerbonsai-Landschaft umgestalten. Pflanzen, die jedoch aus subtropischen Klimaten stammen, verlangen jedoch auch eine deutliche Herabsetzung der Temperatur bis auf ca. 15 bis 18 Grad Celsius. Nur dann zeigen sie eine gesunde Entwicklung.

12 Düngung

Nachdem wir nun sehr viel gehört haben über die einzelnen Bonsaistile, die einzelnen Praktiken der Formgebung und -erhaltung, müssen wir uns mit einem Thema befassen, das bei vielen Bonsaifreunden und dort besonders bei den Anfängern oft großes Unbehagen hervorruft, nämlich die Düngung. Da wurden nun alle möglichen Bücher besorgt und gelesen, teilweise noch mühsam aus dem Englischen oder Amerikanischen übersetzt, und siehe da, nachdem man das Fazit aus all dem Gelesenen gezogen hatte, mußte man feststellen, daß man ebenso viele Rezepte hatte, wie man Bücher gelesen hatte. Dadurch war dann schon mancher verwirrt und verunsichert. Noch schlimmer aber war, daß das, was der eine Autor als einzig richtige Methode anpreist, der nächste Autor schon wieder als vollkommen falsch deklariert. Was ist nun richtig, was ist nun falsch? An wen soll man sich jetzt halten?

Ich möchte versuchen, Ihnen weniger fertige Rezepte zu geben, als Sie in die Lage zu versetzen, zu entscheiden, für welches der angegebenen Rezepte Sie sich entscheiden wollen, denn oft geben augenscheinlich diverse Rezepturen das gleiche an. Ich würde sagen, es ist wie in der Medizin: Der eine schwört auf Pillen und der andere auf Tropfen. Beide nehmen jedoch das gleiche Mittel in gleicher Konzentration, jedoch in verschiedener Form. Ähnlich ist es auch mit der Kulturtechnik, wie ich aus eigener Erfahrung weiß. So kam ich als gelernter Baumschulmeister vor Jahren einmal vorübergehend in einen Blumen- und Zierpflanzenbetrieb, in dem auch Cyclamen (Alpenveilchen) herangezogen wurden. Ich hatte von der Kultur von Cyclamen zwar keine Ahnung, aber mich störten seinerzeit die schweren unhandlichen Tontöpfe, und ich beschloß daraufhin, die handlichen und leichteren Plastiktöpfe zu verwenden. Nun wurde ich aber von allen Seiten bestürmt, diesen Versuch abzublasen, da er von vornherein zum Scheitern verurteilt sei, und es wurden alle möglichen Argumente dagegen vorgebracht. Ich topfte dann letztendlich die eine Hälfte in Tontöpfe und die andere Hälfte in Plastiktöpfe und siehe da, es gab keinen Unterschied zwischen beiden Partien, und seither werden Cyclamen dort nur noch in Plastiktöpfen gezogen und es geht. Was sich jedoch etwas geändert hat, ist die Kulturmethode, denn Tontöpfe verdunsten über die ganze Wandung, und um das zu verhindern, werden sie im Boden eingesenkt. Der Plastiktopf dagegen hat eine undurchlässige Wandung, und es wäre unsinnig, ihn im Boden einzusenken, um die Verdunstung herabzusetzen. Ebenso müssen wir beim Gießen Unterschiede machen zwischen dem Tontopf und dem Plastiktopf.

Ich habe hier mit diesen kurzen Beispielen eigentlich nur klar machen wollen, daß immer mehrere Wege möglich sind, nur müssen diese Wege auch verschieden beschritten werden.

Was bedeutet das aber nun hier in unserem Fall für die Düngung unserer Bonsai? Nun, ich würde sagen, gehen wir doch einmal zunächst vom Material Pflanze aus. Wie ich schon wiederholt gesagt habe, haben wir es hier mit ganz normalen Pflanzen zu tun, die sich nur in der Gestaltung von den normalen Baumschulpflanzen, die wir in Blumenkästen kultivieren, unterscheiden. Warum, so frage ich mich, soll jetzt die Düngung unserer Bonsai so grundverschieden sein von der in der normalen Containerkultur? Warum gelten ausschließlich alte Hausrezepte, die wir von den Japanern kompromißlos übernommen haben, die aber für uns in vielen Fällen gar nicht nachvollziehbar sind, weil einfach die empfohlenen Zutaten für uns nicht zu bekommen sind? Genauso ist es, wenn ich Ihnen nur bestimmte Düngermarken oder -sorten empfehlen wollte, Sie diesen Dünger in Ihrer Umgebung aber nicht bekommen können. Deswegen will ich nur die Zusammenhänge zwischen Dünger, Pflanze und Wachstum ganz unwissenschaftlich zu erklären versuchen. Und mit dieser Kenntnis können Sie sich dann im Prinzip in jedem guten Fachgeschäft von einem Fachmann beraten lassen, nur fragen Sie dann besser nicht nach einem Bonsaidünger, sondern eher nach einem Dünger für Laub- und Nadelgehölze in Pflanzgefäßen. Dann werden Sie vielleicht nicht immer ganz ausreichend beraten werden, aber mit Sicherheit nicht falsch.

Um der Sache jetzt einmal auf den Grund zu gehen, müssen wir uns zunächst die ganz einfache Frage stellen: Warum müssen wir überhaupt düngen? Die Pflanze hat ihre Erde, in der sie wächst, und sie bekommt ihr Wasser, was will sie noch mehr?

Nun, ganz so einfach ist es eben nicht, denn jeder weiß aus Erfahrung, daß seine Zimmerpflanze oder sein Rasen zu ganz bestimmten Zeiten gedüngt werden müssen, da sonst das Wachstum nachläßt. Das ist eine alltägliche Beobachtung, die jeder schon gemacht hat. Die Pflanze entzieht ja dem Boden eine bestimmte Menge der dort enthaltenen Nährstoffe, und bei der geringen Erdmenge in einer Bonsaischale ist das Potential an Nährstoffen relativ rasch erschöpft, so daß wir nachsetzen müssen oder, besser gesagt, nachdüngen.

Damit stellt sich aber auch die Frage, wann und was und vor allen Dingen wann wir was düngen müssen.

Beginnen wir zunächst einmal mit dem Was und Wozu.
Schauen Sie sich einmal eine normale, handelsübliche Düngerpackung an, dann werden Sie feststellen, daß dort verschiedene Inhaltsangaben gemacht sind über die enthaltenen Einzeldünger.

In den meisten Volldüngern sind zum Beispiel enthalten Stickstoff (N), Phosphor (P) und Kali (K). Diese drei Einzeldünger sind in fast allen Mischdüngern enthalten, weil sie als die Hauptnährstoffe der Pflanze angesehen werden können.

Da ist zunächst der **Stickstoff**, der überall in den Fachbüchern als der Motor der Pflanze bezeichnet wird. Er bewirkt ein gesundes Blattgrün und ist notwendig für ein gesundes Blatt- und Triebwachstum. Ich stelle das Ganze hier jetzt bewußt vereinfacht dar, denn wenn wir wissen, welche Wirkung ein Dünger in der Pflanze zeigt, können wir schon in etwa entscheiden, welchen Dünger wir geben müssen.

Hier beim Stickstoff zum Beispiel ist die beste Zeit während des stärksten Trieb- und Blattwachstums, denn dann hat die Pflanze den stärksten Bedarf an diesem Dünger. Das heißt aber auch, daß wir diesen Dünger zeitlich nicht unbegrenzt über das ganze Jahr in gleicher Menge geben dürfen, da wir sonst die Pflanze bis in den Winter hinein zu immer neuem Wachstum reizen würden. Bei Einbruch des Winters wären dann die Pflanzen nicht ausgereift, und beim ersten stärkeren Frost käme es unter Umständen zu schwerwiegenden Schäden. Um das zu vermeiden, setzt man dann spätestens Anfang August die stickstoffbetonte Düngung ab und verwendet dafür einen Dünger, der das Ausreifen des Holzes fördert. Einen Mangel an Stickstoff erkennt man unter anderem an der blassen Blattfärbung, dem schwachen Wuchs und vorzeitigem Triebabschluß, einen Überschuß an einer unnatürlich dunkelgrünen Blattfarbe und an dem überaus mastigen Wuchs.

Kalium fördert das Ausreifen des Holzes und erhöht die Saugfähigkeit der Wurzeln, es macht die Pflanze also frostfester und trockenheitsresistenter. Das sind beides Faktoren, die für uns sehr wichtig sind. Besonders wichtig ist eine kalibetonte Düngung in der zweiten Vegetationshälfte ca. ab Mitte Juli. Da das Kalium besonders in leichtem, sandigem Boden unter Umständen sehr rasch ausgewaschen wird, kommt es schon einmal zu einem Mangel. Eine Erde mit relativ hohem Tonanteil ist wesentlich besser in der Lage, das Kalium festzuhalten. Durch das häufige Gießen der Bonsai besteht natürlich eine erhöhte Gefahr der Auswaschung. Zu erkennen ist dieser Mangel daran, daß sich die Blätter vom Rande her einrollen und in der Blattfläche zwischen den Blattadern braune Flecken entstehen.

Die **Phosphorsäure** ist ein Baustein im Eiweiß und am Wachstum und Aufbau der Zellen beteiligt. In den meisten Böden haben wir selten mit einem akuten Mangel an Phosphorsäure zu rechnen. Er würde sich dadurch zeigen, daß die frischen Blätter sich rötlich einfärben und steil aufstellen. Sie hat außerdem noch die Fähigkeit, in Böden mit sehr hohem Tonmineralgehalt die Struktur zu verbessern.

Ein weiterer Bestandteil des Blattgrüns ist das **Magnesium**, das außerdem noch am Transport der Phosphorsäure und der Bildung von Fermenten innerhalb der Pflanze beteiligt ist. Ein Magnesiummangel tritt eigentlich nur auf sauren Sandböden auf. Er wird sichtbar durch marmorierte Verfärbungen der Blätter. Aufheben kann man diesen Mangel oft schon durch die Anhebung des ph-Wertes durch eine entsprechende Kalkgabe. Alle diese Dünger würden der Pflanze aber noch wenig nützen, wenn eine Reihe von anderen Stoffen fehlen

würde. Sehr wichtig für das Gedeihen der Pflanzen sind auch die sogenannten **Spurennährstoffe**, von denen die Pflanze nur ganz geringe Mengen verarbeitet. Die wichtigsten sind zum Beispiel Eisen, Kupfer, Mangan, Zink, Molybdän und andere mehr. Alle diese „Stoffe" dienen oft nur als Katalysatoren bei den überaus komplizierten Vorgängen innerhalb der Pflanze, und das Fehlen eines dieser „Stoffe" würde zu erheblichen Störungen in der Pflanze führen. Aus diesem Grunde sollten wir immer für eine gesunde Ernährung unserer Pflanzen sorgen, denn je besser eine Pflanze ernährt ist, desto widerstandsfähiger ist sie auch gegen Krankheiten und Schädlinge.

◄ *Pinus pentaphylla*
Mädchenkiefer
Alter ca. 45 Jahre
mit aufgelegten
Düngerkugeln

Alle diese bis jetzt erwähnten Dünger sind im Handel als reine Mineraldünger erhältlich, und es ist nun die ewige Streitfrage, ob wir unsere „Bonsai" überhaupt mineralisch düngen sollen. In den meisten Publikationen wird das abgelehnt. Es spricht einmal dagegen, daß der Mineraldünger relativ stark konzentriert ist und der Pflanze ziemlich rasch zur Verfügung steht, so daß es unter Umständen leicht zu Schäden kommen kann, wenn man nicht genau aufpaßt. Ein gutgemeinter Nachschlag führt sehr leicht zu Wurzelschäden. Man sollte die auf den Verpackungen angegebene Gesamtdüngermenge, die sich in der Regel auf die gesamte Vegetationsperiode bezieht, nicht in einer, sondern in mehreren kleinen Gaben verabreichen. Das vermindert einmal die Gefahr der Überdüngung, und Sie können jederzeit die Düngung absetzen, wenn Sie der Meinung sind, daß die Pflanze zu stark wächst.

In welcher Form Sie den Dünger geben, in flüssiger, pulverisierter oder granulierter Form hängt weitgehend davon ab, was Ihnen sympathischer ist. Stets sollten Sie sich aber an die Anweisungen des Fachmannes halten, der Sie berät. Ein weiterer Punkt, weswegen die meisten die Mineraldünger meiden, ist die Angst vor einer Versalzung der Erde im Bonsaigefäß. Es besteht in der Tat diese Gefahr, da die Bonsai doch über längere Zeit im selben Erdsubstrat stehen. Doch kann man einer Versalzung etwas entgegenwirken, indem man das Substrat wiederholt auswäscht, das heißt, daß man die Pflanze so gründlich durchwässert, daß ein Großteil der Salze, die sich in der Erde angesammelt haben, ausgewaschen werden. Manche gießen zu diesem Zweck zwischendurch mit destilliertem Wasser.

Auf der anderen Seite sehe ich auch nicht ein, warum wir jetzt übervorsichtig sein sollen. Ich gehe jetzt einfach von der Überlegung aus, daß wir Millionen von Gehölzen aller Art in Containern (Töpfen) heranziehen, die ganz normal mit Mineraldüngern versorgt werden und optimal wachsen und gedeihen. Warum sollte es bei den Bonsai nicht möglich sein? Ich selbst dünge mit den gleichen Düngern, die ich auch in der Baumschule verwende, allerdings in kleineren Gaben. Dazu kommt noch, daß die meisten Bonsai noch jünger sind und sowieso alle zwei oder drei Jahre neue Erde bekommen. Bei alten Exemplaren, die in größeren zeitlichen Abständen umgetopft werden, nehme ich eine kombinierte mineralisch-organische Düngung vor. Auch für diesen Zweck gibt es fertige Mischdünger im Handel, die einen Teil der Nährstoffe in mineralischer und damit meist in schnell fließender Form, und einen Teil in organischer Form, und damit in langsam fließender Form enthalten. Der **organische Dünger** ist ja in der Form, in der er verabreicht wird, für die Pflanze gar nicht aufnehmbar, sondern er muß zunächst im Boden durch die Bodenorganismen in eine pflanzengerechte Form umgewandelt und aufgeschlossen werden, und dadurch kommt es besonders im Frühjahr bei sehr kühlen Temperaturen oft zu einer Verzögerung in der Wirkung, und die

Pflanze hungert zunächst, obwohl sie eigentlich ausreichend gedüngt worden ist. In solch einem Fall wäre eine Flüssigdüngung angebracht, weil sie sofort Wirkung zeigt, nur sollten Sie hierbei zwar den je nach Fabrikat angegebenen Turnus beibehalten, jedoch die Konzentration **auf ein Viertel verringern bei Nadelhölzern** und **auf die Hälfte bei Laubgehölzern**. Eine sehr einfache Methode der organischen Düngung ist die in allen Büchern angepriesene Düngung mit den japanischen Düngerkugeln. Sie enthalten eigentlich alle Nährstoffe, die die Pflanze benötigt. Diese Kugeln werden einfach auf die Erde aufgelegt, wo sie sich dann langsam zersetzen, bis nur noch eine dünne Haut zurückbleibt, die dann entfernt wird. Nach Entfernen der Haut legt man neue Kugeln auf, jedoch nicht an die gleiche Stelle, da man bestimmte Wurzel- und damit Astpartien bevorzugen würde. Erhältlich sind diese Kugeln allerdings meist nur in Blumengeschäften, Gärtnereien und Gartencentern, die auch Bonsai und Bonsai-Zubehör führen.

Ich hoffe, Ihnen mit diesen kurzen Ausführungen über die Düngung eine kleine Hilfe gegeben zu haben, zu entscheiden, welchen oder welche Dünger Sie verwenden wollen. Wie dann der jeweilige Dünger im Einzelfalle verwendet wird, das sagt Ihnen dann Ihr Fachhändler.

13 Überwinterung

Sehr große Schwierigkeiten und viel Kopfzerbrechen bereitet den Bonsailiebhabern anscheinend immer wieder die Überwinterung ihrer Schützlinge. Auch hier müssen wir wieder davon ausgehen, daß wir es mit normalen Pflanzen zu tun haben, wie wir sie auch im Garten oder in der freien Natur finden. Das heißt, alle diese Pflanzenarten, die bei uns oder in ähnlichen Klimazonen zuhause sind, vertragen in der Regel ziemliche Frostgrade, ja sie benötigen sogar tiefe Temperaturen, um ihre Winterruhe einhalten zu können. Zu hohe Temperaturen – etwa über +8-10°Celsius – würden die Pflanze aus ihrer Winterruhe wecken. Die Folge davon wäre, daß sie schon im Winter anfangen würde zu treiben, wodurch sie dann stark geschwächt oder gar geschädigt werden würde. Erhöhte Anfälligkeit gegen Krankheiten und Schädlinge wäre die Folge. Wenn Sie einer Pflanze durch zu hohe Temperaturen im Winter die Winterruhe nehmen, so ist das etwa genauso, als wenn Sie einem Menschen die Nachtruhe rauben.

Was können wir aber nun tun, um unsere Schützlinge heil über den Winter zu bringen? Nun, wie ich schon gesagt habe, sind für die richtige Überwinterung niedrige Temperaturen unter +8 bis 10° Celsius notwendig. Jedoch wird es in unseren zentralbeheizten Häusern wohl kaum möglich sein, geeignete Räume zu finden. Wir müssen also nach Möglichkeiten suchen, wo wir ideale Bedingungen finden. Wer ein eigenes Haus bewohnt, dem dürfte es nicht schwerfallen, einen passenden Platz zu finden, zumal nicht, wenn noch ein Stück Garten zum Haus gehört. Die einfachste Art der Überwinterung ist es, die Bonsai mit der Schale im Garten an einem schattigen Platz einzusenken. Das gilt für alle Arten, die auch bei uns im Freien wachsen. Am besten ist ein Platz zwischen einigen immergrünen Laub- oder Nadelgehölzen, da diese die Sonne und die kalten Winde etwas abhalten. Oft ist .im Garten auch ein Frühbeet vorhanden. Auch das ist ein ideales Winterquartier, nur sollten Sie beachten, daß ein Frühbeet meistens so gebaut ist, daß es möglichst viel Sonne bekommt, damit im Frühjahr die empfindlichen Saaten möglichst warm stehen. In diesem Falle müssen Sie sorgfältig schattieren, denn unter der Scheibe wird es auch an einem sonnigen Wintertag sehr warm. Wichtig ist es auch bei der Überwinterung im Frühbeet, daß die Spitzen der Pflanzen nicht die Scheiben berühren, sondern sie sollten nicht näher als 10 – 15 cm an die Scheibe herankommen. Nötigenfalls müßten Sie das Frühbeet durch Ausgraben vertiefen oder durch Aufstecken von Brettern erhöhen. Im Winter sollten Sie an frostfreien Tagen möglichst viel lüften. Wer jedoch diese Möglichkeiten der Überwinterung nicht nutzen kann oder will, dem stehen andere Wege offen. So ist zum Beispiel ein heller Lichtschacht vor einem Kellerfenster, der nur mit einem Rost abgedeckt ist, ein sehr guter Standort im Winter, denn die Temperaturen fallen hier selten unter –2 – 3 C. ab und Licht haben wir hier auch genügend, ebenso ein unbeheizter heller Speicher.

Wichtig bei allen diesen Standorten ist es, daß die Pflanzen leicht erreichbar und leicht zu kontrollieren sind, denn auch im Winter darf die Kontrolle nicht vernachlässigt werden. Wem diese Möglichkeiten nicht zur Verfügung stehen, sondern nur ein Balkon oder Ähnliches, der hat wieder andere Möglichkeiten. In diesem Falle füllen wir eine normale Holzkiste zur Hälfte mit Torf, Sand oder Erde. Darin senken wir nun die Bonsai mit der Schale ein und bedecken auch noch die Oberfläche der Schale mit einer dünnen Schicht, damit der Wurzelballen nicht so schnell austrocknet. Anschließend wird alles noch einmal gründlich gewässert. So vorbereitet können die Bonsai zunächst einmal stehen bleiben bis stärkere Fröste kommen. Sollten die Temperaturen dann doch unter –5° Celcius absinken, so ist es ratsam, den Überwinterungskasten mit einer weißen Milchfolie zu überspannen. Zu diesem Zweck spannen wir diagonal von einer Ecke zur andern entweder Federstahlstäbe, Haselnuß- oder Weidenruten in einem möglichst steilen Bogen. Über dieses Gerüst ziehen wir nun die Folie und befestigen die Ränder an der Kiste. Lassen Sie jedoch eine Seite so, daß Sie sie leicht öffnen können, wenn Sie kontrollieren, lüften oder gießen wollen.

Man kann diesen Überwinterungskasten natürlich auch noch eleganter bauen. Der Phantasie sind da keine Grenzen gesetzt. So gibt es zum Beispiel im Fachhandel sogenannte Balkongewächshäuser in Form von Bausätzen, die man dann beweglich oder fest installieren kann. Wer ein wenig handwerklich begabt ist wird schnell einen Weg finden, sich eine Möglichkeit zur Überwinterung zu schaffen. Wem nun aber weder Balkon noch Terrasse noch sonst ein Platz im Freien zur Verfügung steht, der sollte sich nach dem kühlsten Raum in der Wohnung umsehen, um dort seine Pflanzen möglichst direkt am geöffneten Fenster aufzustellen, wobei die Immergrünen immer den hellsten Standort benötigen. Die laubabwerfenden Gehölze können sogar recht dunkel stehen in der Zeit, in der sie ohne Laub sind. Es wäre vielleicht sogar zu überlegen, ob Sie Ihre Pflanzen nicht über die Winterzeit vorsichtshalber in Ihrer Gärtnerei in einem Kalthaus unterstellen sollten oder in einem der inzwischen bestehenden Bonsaizentren. Wenn wir unsere Pflanzen nun in irgendeiner der beschriebenen Formen eingewintert haben, dann bleibt uns nicht mehr viel zu tun. Die wichtigste Winterarbeit ist es, von Zeit zu Zeit nachzuschauen, ob die Erde in der Schale noch feucht genug ist und eventuell zu gießen. Auch während längerer Frostperioden gibt es immer einmal Tage, an denen es über die Mittagszeit nicht gar so kalt ist und der Boden nicht ganz so hart gefroren ist. Allerdings müssen Sie im Winter nicht so häufig gießen wie im Sommer, sondern vielleicht nur einmal in der Woche, oder sogar nur alle zwei Wochen einmal, denn die Pflanze, die sich ja während dieser Zeit in vollkommener Winterruhe befindet, entzieht ja der Erde kaum Feuchtigkeit, und die Verluste entstehen nur durch normale Verdunstung.

Ein schlimmer Feind für unsere Pflanzen im Winter ist neben der Kälte aber auch die Sonne.

Ich will das kurz erklären: Wenn Ihre Pflanzen draußen überwintern, dann gefriert die feuchte Erde im Gefäß zu einem Eisklumpen zusammen. Wenn nun aber die Sonne an hellen Tagen auf die teils fadendünnen Triebe scheint, dann tauen diese auf und verdunsten. Selbst bei Außentemperaturen von –10°C. hat die Sonne über die Mittagszeit so viel Kraft, daß die Zweige auftauen. Die Erde bleibt dabei jedoch meist gefroren, denn soviel Kraft hat die Sonne wiederum nicht. Wenn nun aber die Zweige, Äste und Nadeln verdunsten, so verliert die Pflanze an lebenswichtiger Feuchtigkeit. Aus der gefrorenen Erde in der Schale kann die Pflanze aber nichts holen, so daß sie langsam von oben herab vertrocknet. Im Frühjahr heißt es dann meistens: „Die Pflanze ist erfroren." Das stimmt jedoch nicht ganz, wie Sie aus dem oben Gesagten entnehmen können. Um dieses „Vertrocknen von oben herab" zu verhindern, sollten Sie gerade im Winter für eine gute Schattierung sorgen.

Ein kurzer Hinweis noch zum Abschluß. Es gibt einige Sorten, die empfindlich sind gegen starken Frost im Wurzelbereich. Dazu gehören alle Sorten, die eine relativ fleischige, weiche Wurzel haben, wie z.B. Ginkgo, Magnolie, Dreispitzahorn, Essigbaum usw. Diese Sorten sollten Sie in jedem Fall mit dem Gefäß einsenken, damit die Wurzeln vor den schlimmsten Temperaturen ein wenig geschützt sind. Wenn Sie diese wenigen aber wichtigen Punkte bei der Überwinterung beachten, dann kann Ihren Pflanzen eigentlich nichts passieren, und sie kommen gut über den Winter.

14 Präsentation der Bonsai
Innen und Außen

Das Bonsai-Hobby besteht zum größten Teil aus gestalterischen Arbeiten an der Pflanze, wie es auch in der gestaltenden Kunst wie Malerei, Bildhauerei oder sogar bis hin zum Ballettanz der Fall ist. Ist nun aber die Phase der Gestaltung oder Schöpfung vorbei, so wird jeder Künstler – gleich welcher Richtung – danach trachten, seinem Werk den bestmöglichen Rahmen oder Platz zu geben, um es zu präsentieren, um sich seiner Umwelt mitzuteilen, oder aber nur, um sich selber daran zu erfreuen.

Ebenso wie dem Künstler ergeht es aber auch dem Bonsailiebhaber, der in oft jahrelanger geduldiger Arbeit seine Zöglinge geformt und gestaltet hat. Er möchte sich neben der Arbeit an der Pflanze auch erfreuen, und damit taucht auch die Frage auf, wann, wie und wo die Bonsai aufgestellt werden können.

Nun, um das beantworten zu können, müssen wir zunächst einmal überlegen, was wir wollen und müssen auf die einzelnen Entwicklungsstadien unserer Bonsai eingehen. Dazu sollten wir einmal den Werdegang eines Bonsai verfolgen.

Wir haben im Verlauf dieses Buches erfahren, wie wir aus Samen, Jungpflanzen und gesammelten Pflanzen Bonsai heranziehen können, und damit wären wir auch schon bei der ersten Kategorie Bonsai. Diese Jung- oder Rohpflanzen eignen sich in der Regel wirklich nicht, um sie als Schmuckstücke besonders zur Schau zu stellen, sondern sie sollten möglichst zweckmäßig aufgestellt werden, denn an diesen Pflanzen müssen wir ja noch ständig arbeiten. Aus diesem Grunde sollten sie leicht und bequem zugänglich sein. Ideal ist ein Bord aus Holz, da solch ein Standort den Vorteil hat, daß die Schalen nicht direkt auf dem Erdboden stehen, so daß sich auch nicht so leicht Ungeziefer wie Ameisen, Schnecken u.s.w. einnisten kann. Solch ein Bord oder Regal sollte nach Möglichkeit nicht unbedingt vor einer heißen Südwand stehen, wo die Mittagshitze oft unerträglich heiß ist, sondern an einem sehr hellen Platz im leichten Halbschatten. Im eigenen Garten läßt sich bestimmt ein Platz in der Nähe eines größeren Baumes finden, der gerade in der heißesten Mittagszeit seinen Schatten über die Bonsai wirft. Wer nur einen Balkon hat, der sollte für sein Bonsairegal einen Platz aussuchen, der möglichst nahe am Licht ist, das heißt, möglichst nahe an der Außenseite und nicht gerade an der dunkelsten Innenwand.

Wenn das Bonsairegal vor einer Wand aufgestellt ist, müssen Sie unbedingt darauf achten, daß der Abstand zwischen Pflanze und Mauer ausreichend groß ist, da die Pflanze sonst nur von einer Seite Licht bekommt und einseitig wächst. Man müßte sie dann des öfteren drehen. Nach Möglichkeit sollte der Abstand zwischen Pflanze und Mauer ca. 60–80 cm betragen.

Nun hat aber jeder Bonsailiebhaber auch den

Wunsch, seine kleinen Kunstwerke auch einmal in seiner nächsten Umgebung in der Wohnung aufzustellen, doch hier herrscht weitgehend Unsicherheit, ob das überhaupt möglich ist, wann es möglich ist, und wie lange und wie.

Ich möchte hier einige Dinge klarstellen. Grundsätzlich ist zwar der Standort der Bonsai draußen im Freien. Man kann sie jedoch ohne Risiko für begrenzte Zeit im Raum aufstellen. Der Standort sollte auch hier so hell und luftig sein, wie nur eben möglich. Die Nähe von Heizungen sollten wir auf jeden Fall meiden, da die trockene Warmluft der Pflanze schwer schaden würde. Der Aufenthalt im Hause sollte im Normalfall nur zwei bis drei Tage dauern, auf keinen Fall aber länger als acht Tage.

Erinnern Sie sich aber auch an das Kapitel über die Überwinterung, in dem ich über die Wachstumszeit und über die Winterruhe geschrieben habe, denn dort heißt es, daß die Pflanze zu ihrer Winterruhe niedrige Temperaturen benötigt, und daß die Temperaturen über +10°C die Winterruhe brechen. Das heißt für uns, bei der Präsentation im Raum, daß das nur möglich ist, in der Wachstumsphase zwischen etwa März und Mitte bis Ende September, weil hier die Pflanze sowieso wach ist.

Im Winter wäre der Wechsel zwischen der hohen Zimmertemperatur und den Frostgraden im Freiland unter Umständen tödlich für die Pflanze. Deswegen sollte sie während der Winterruhe grundsätzlich an ihrem Platz im Winterquartier bleiben.

Neben der rein praktischen Frage nach dem „ob und wie lange", wird auch immer wieder die Frage gestellt nach dem „wie".

Viele Bonsailiebhaber sind sich unsicher, wie sie ihre Kostbarkeiten am besten präsentieren können. Es ist zwar auch hier der persönliche Geschmack letztendlich entscheidend, doch sollten wir uns hier doch an einige Grundregeln halten, die auch in der Bonsaigestaltung gelten. So wie wir bei der Formgebung nur die wesentlichen Teile eines Baumes herausarbeiten, und alles andere an Trieben, Ästen und Zweigen entfernen, so sollten wir auch im Raum den Bonsai an sich so präsentieren, daß der Betrachter nicht unnötig durch andere Dinge abgelenkt wird.

Wenn wir den Bonsai zum Beispiel vor einer hellen Mauer oder einem Mauersturz alleine aufstellen, dann erzielen wir schon eine gute Wirkung. Wichtig ist auch die Standhöhe, denn wenn der Betrachter den Wurzelhals und den Stamm genau in Augenhöhe hat, dann hat er die gleiche Perspektive wie bei einem großen Baum. Er schaut herunter auf die Wurzel und schaut aber auch gleichzeitig von unten herauf in die Astkrone. Dadurch wird die Illusion von einem großen Baum noch verstärkt. Unterstreichen kann man das ganze Bild noch durch einen schönen Stein oder eine passende Tuschzeichnung, jedoch sollen alle Accessoires die Gesamtwirkung nur unterstreichen und nicht mit dem Baum konkurrieren.

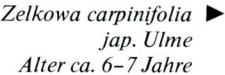

Zelkowa carpinifolia ►►
jap. Ulme
Alter ca. 10 – 12 Jahre

Zelkowa carpinifolia ►
jap. Ulme
Alter ca. 6–7 Jahre

15 Dokumentation

Nachdem wir nun eine ganze Menge über Kulturmethoden, Arbeitstechniken und andere Dinge gehört und gelesen haben, möchte ich noch eine kleine Anregung geben, die für alle Bonsailiebhaber sehr wertvoll sein kann in der praktischen Arbeit, die ihm aber auch genau die Entwicklung der einzelnen Pflanzen zeigt. Wenn Sie Tag für Tag an Ihren Pflanzen arbeiten, so bemerken Sie meistens gar nicht die Veränderung, die die Pflanze durchgemacht hat, weil Sie sich an den Anblick der Pflanze gewöhnt haben. Das ist so, wie wenn Sie einen Menschen täglich sehen. Treffen Sie dann diesen Menschen nach einer längeren Zeit wieder, so bemerken Sie sofort, daß er sich verändert hat, sei es, daß er dicker oder schlanker geworden ist, daß er graue Haare bekommen hat, oder daß er

vielleicht plötzlich scharfe Falten im Gesicht hat. Um die Veränderungen an der Pflanze festhalten und sichtbar machen zu können, müssen wir in bestimmten Zeitabständen ein Photo machen und es mit Datum versehen. Interessant ist es zum Beispiel, wenn Sie diese Bilder in ein Album einkleben und dazu schreiben, welche Arbeiten Sie durchgeführt haben, so daß Sie die Wirkung dieser Arbeiten anhand des Bildes genau kontrollieren können. Wenn Sie das Bild von vor der Wachstumszeit mit dem nach der Wachstumszeit vergleichen, dann erkennen Sie sofort die Veränderung, denn die Photografie dokumentiert unbestechlich den jeweiligen Zustand. Ich sah bei manchen Bonsailiebhabern ganze „Familienalben" mit allen Angaben über Alter und vorgenommene Kulturmaßnahmen, so daß

man den Werdegang einer jeden Pflanze über
Jahre hinweg genau verfolgen konnte.
Manche werden das jetzt vielleicht für übertrieben halten, doch sollten Sie trotzdem wenigstens
einmal über ein Jahr den Versuch machen, denn
erst dann können Sie ermessen, wie hilfreich
eine solche Dokumentation sein kann.

16 Pflegetabellen
Laubgehölze

	● Schatten		◑ Halbschatten		○ Sonne			
Sorte	Zupfen, pinzieren	Starke Äste schneiden	Formen und drahten	Wurzel-schnitt u. umtopfen	Standort	Vermeh-rungszeit, -art ·	Stilformen	Bemerkungen
Acer Ahorn mit Sorten	III–VIII	III–V	III–VIII	XII–II	◑	Saat: II–IX VI, X–XI Steckl. II–III VII	Fast alle Formen außer Kas-kade und Halb-kaskade	Jap. Ahorne Vorsicht Staunässe + Sonnenbrand Acer buerge-rianum frost-empfindlich
Alnus Erle	III–VIII	XII–II	II–VIII	I–II	● ◑ ○	Saat: II–III Absenker III–IV	alle Formen	verträgt viel Feuchtigkeit und Dünger
Amelanchier Felsenbirne	III–VIII	XII–II	III–VIII	I–II	◑ ○	Saat: II–III Teilung: XI–III	alle Formen	
Amorpha Bastardindigo-Strauch	III–VIII	XII–II	IV–VII	I–II	○	Steckholz II–III	Waldform, Floßform, Literaten-form, mehrere Stämme aus einer Wurzel	Winterschutz notwendig
Berberis Berberitze, Sauerdorn immergrüne sommergrüne	III–VIII	XII–III	IV–VII	IX–III	meist ○	Saat: III–IV Steckl. VI–VIII	alle auf-rechten, Einzel- und Gruppen-pflanzungen	
Betula Birke	IV–VIII	XI–XII.I	IV–VIII	II–III	◑ ○	Saat: III–IV Steckl. VI–VII Abmoosen II–IV	alle Formen	Jährlicher Wurzelschnitt

Sorte	Zupfen, pinzieren	Starke Äste schneiden	Formen und drahten	Wurzel-schnitt u. umtopfen	Standort	Vermeh-rungszeit, -art	Stilformen	Bemerkungen
Buddleia alternifolia Sommer-flieder	IV–VI	I–II	IV–VII	I–III	○	Steckl. VI–VII	alle Formen	blüht am 2jähr. Holz, Vorsicht beim Schnitt wegen der Blüten
Buxus Buxbaum	IV–VIII	I–XII	IV–VIII	I–III VIII–IX	◑○	Steckl. VII–VIII	alle Formen	
Callicarpa, Schönfrucht	IV–VII	I–II	V–VII	I–III	◑○	Saat: III–IV Steckl. VI–VIII	alle auf-rechten Formen	schöne, violette Frucht
Calluna Besenheide	III–IV	IX–X	I–XII	IX–XI oder III–IV	◑○	Steckl. VIII	Gruppen-Pflanzun-gen, Bei-pflanzung	Kalkfeindlich
Camellia Kamellie	II–IV	I–II	III–VII	IV–VII	◑	Steckl. VIII	alle Formen	Kalkfeindlich starke Unter-schiede in Feuchtigkeit u. Temperatur vermeiden
Caragana Erbsenstrauch	IV–VIII	I–III	III–VII	II–III	○	Saat V Steckl. VI–VII	alle Formen	verträgt Trockenheit
Carpinus Hain- oder Weißbuche	IV–VIII	I–III	IV–VII	XI–III	◑○	Saat VIII IX oder II	alle auf-rechten Formen, Waldformen	sehr hart
Castanea sativa Eßkastanie	III–VII	VI–VII I–III	VI–VII	II–III	○	Saat VIII–IX Findlinge	alle Formen, außer Kas-kade und Halbkaskade	
Celastrus Baumwürger	IV–VIII	II–III	VI–VII	II–III	○	Wurzel-schnittlinge X–XI oder Saat IX–X	alle Formen	zweihäusig

Sorte	Zupfen, pinzieren	Starke Äste schneiden	Formen und drahten	Wurzel-schnitt u. umtopfen	Standort	Vermeh-rungszeit, -art	Stilformen	Bemerkungen
Celtis Zürgelbaum	IV–VIII	II–III	VI–VIII	II–III	○	Abmoosen Steckl. IV–VI	alle Formen	nicht frostfest
Cephalanthus Knopfblume	V–VII	I–III	V–VI	XII–III	◗ ○	Steckl. VI	alle auf-rechten Formen	nicht frostfest
Cercidiphyllum Katsurabaum	IV–VIII	II–III	V–VII	II–III	◗	Steckl. VI Ableger	alle Formen	empfindlich gegen Trocken-heit, schöner Austrieb und Herbstfärbung
Cercis Judasbaum	V–VII	III–IV	V–VII	I–III	○	Steckl. I–II von vorge-triebenen Pflanzen	aufrechte Formen	Achtung: Blüte am Stamm und alten Ästen nicht immer frostfest
Chaenomeles jap. Schein-quitte	IV–VIII	I–XII	I–XII	II–IV	○	Steckl. VII Wurzel-schnittlinge II–III Saat IV–V	Gruppen-pflanzungen, Einzel-bäume	Blüht am 2jähri-gen Holz. Zuviel Früchte entfernen. Nicht zu feucht halten.
Clerodendron Losbaum	V–VI	VII–VIII	VI–VII	I–III	○	Steckl. VI–VII	alle Formen	nicht frostfest
Colutea Blasenstrauch	IV–VII	II–III	V–VI	II–III	○	Saat V	aufrechte Formen	sehr anspruchslos
Cornus Hartriegel	V–VII	II–III	V–VII	I–III	◗ ○	Steckl. VI Steckholz II Absenker VI	alle Formen	anspruchslos, etwas leichtere Erde
Corylopsis Scheinhasel	IV–VII	II–III	III–VIII	I–III	◗ ○	Ableger III	Gruppen-pflanzungen, Einzel-bäume	etwas humoser Boden, Blüte sehr früh, des-wegen Schutz vor Spätfrösten

Sorte	Zupfen, pinzieren	Starke Äste schneiden	Formen und drahten	Wurzel-schnitt u. umtopfen	Standort	Vermeh-rungszeit, -art	Stilformen	Bemerkungen
Corylus Haselnuß	IV–VIII	XI–III	IV–X	XI–IV	◑○	Saat X–XI Absenker I–II	Einzel-bäume auf-recht, Gruppen-pflanzungen	
Cotinus Perücken-strauch	IV–VIII	II–III	IV–VIII	II–III	◑○	Steckl. II von angetriebe-nen Pflanzen Ableger	alle Formen	Die rotlaubige Form möglichst hell stellen
Cotoneaster Zwerg- oder Felsenmispel	IV–VIII	I–III	I–XII	I–III	○	Steckl. III–VII für sommer-grüne, V–VI VIII–IX für immergrüne Saat I–II	alle Formen	anspruchslos, nicht zu naß halten
Crataegus Weißdorn Rotdorn	V–VIII	I–III	IV–VIII	II–III	○	Saat X–XI Abmoosen III–V Veredl. VII	alle Formen	
Daphne Seidelbast	IV–VII	IV–VI	V–VII	I–II	◑	Saat VIII Steckl. VII–VIII	aufrechte Formen, Kaskaden-formen	sehr anspruchs-voll an den Boden, je nach Sorte s. versch.
Deutzia Maiblumen-strauch	IV–VIII	I–III	V–VII	I–III	○	Steckl. VI–VII Steckholz II	mehr-stämmige	
Elaeagnus Ölweide	V–VI	I–III	V–VII	I–III	○	Saat II–III Steckl. VIII Absenker IX–X	alle Wuchs-formen außer Kaskade	nicht zu feucht für Immer-grüne, Winter-schutz
Enkianthus Prachtglocke	V–VII	II–III	IV–VI	I–III	◑	Steckl. VIII Absenker III–IV	aufrechte Formen	Kalkfeindlich, humoser Boden

149

Sorte	Zupfen, pinzieren	Starke Äste schneiden	Formen und drahten	Wurzel- schnitt u. umtopfen	Standort	Vermeh- rungszeit, -art	Stilformen	Bemerkungen
Escallonia Escalonie	IV–VIII	II–VII	III–IX	II–III	○	Steckl. V–VI	mehr- stämmige Formen	Winterschutz
Euonymus Spindelstrauch Pfaffenhütchen	IV–VIII	II–III	IV–VII	II–III	◐○	Steckl. VI für Sommer- grüne, Immergrüne VIII	alle Formen	Immergrüne benötigen teil- weise Winter- schutz
Exochorda Perlbusch	IV–VIII	I–III	IV–VIII	II–III	○	Steckl. V Ableger IV–V	alle Formen	auf gutes Wurzelwerk achten
Fagus Rotbuche Blutbuche Kerbbuche	V–VIII	II–III	IV–IV	II–III	◐○	Saat IV, Abmoosen III–V Ableger III–IV	alle Formen	Kalkliebend, beim Umstellen Vorsicht vor Sonnenbrand
Fraxinus ornus Blumenesche	IV–VI	II–III	IV–VIII	II–III	◐○	Abmoosen II–IV	aufrechte Formen	
Fuchsia Fuchsie	III–VIII	II–III	XI–III	XI–III	◐	Steckl. I–XII	alle Formen	nicht winterhart, kann im Haus bei ca. 15–18°C überwintert werden
Gleditsia Lederhülsen- baum	IV–VIII	I–III	IV–X	I–III	○	Saat V Abmoosen III	alle auf- rechten Formen	sehr interes- sante Stacheln
Halesia Schneeglöck- chenbaum	IV–VIII	II–III	IV–VIII	I–III	○	Absenker V Abmoosen V	alle Formen	kalkfeindlich
Hamamelis Zaubernuß	V–VII	I–III	V–VII	X–I	◐○	Abmoosen Absenker	alle Formen	kalkfeindlich
Hebe, Neusee- ländischer Ehrenpreis	IV–VII	II	IV–X	II–III	○	Steckl. VIII	alle Formen	Winterschutz

Sorte	Zupfen, pinzieren	Starke Äste schneiden	Formen und drahten	Wurzel-schnitt u. umtopfen	Standort	Vermehrungszeit, -art	Stilformen	Bemerkungen
Hedera, Efeu	V–VIII		I–XII	II–III	● ◐ ○	Steckl. VIII–IX	Halbkaskade + Kaskade	nicht zu trocken halten
Hibiscus Eibisch	IV–VI	II–IV	IV–VI	III–IV	○	Saat III Steckl. V–VI Anhäufeln VI	alle aufrechten Formen	warmer sonniger Standort
Hippophaë Sanddorn	V–VII	I–III	III–VIII	I–III	○	Saat III–IV Abmoosen III	alle Formen	zweihäusig, männliche und weibliche Pflanzen
Ilex Stechpalme	V–VI–VII	II–III	IV–VIII	I–III IX–X	● ◐	Saat IX–X Steckl. VII–XI Absenken V–VI	alle Formen	gute Drainage notwendig
Jasminum Winterjasmin	IV–VIII	II–III	III–XII	I–IV	◐ ○	Steckl. VI–VII	freiaufrechte Formen, Felsenpflanzungen Kaskadenformen	
Kadsura Kadsure	V–VI	III–IV	IV–X	II–III	◐ ○	Steckl. VIII	aufrechte + Kaskaden	unbedingt Winterschutz
Kalmia Lorbeerrose	IV–VI	II–III	IV–VI	II–III	● ◐	Ableger VIII–IV	alle Formen	sehr kalkfeindl. schwierig in der Kultur
Koelreuteria	V–VII	I–III	V–VII	I–III	○	Ableger VIII Abmoosen IV	alle Formen	warmer Standort
Kolkwitzia Kolkwitzie	V–VIII	I–III	IV–VIII	I–III	○	Steckl. VI Ablegen VIII Abmoosen IV–V	Gruppenpflanzungen	leichter Winterschutz

Sorte	Zupfen, pinzieren	Starke Äste schneiden	Formen und drahten	Wurzel-schnitt u. umtopfen	Standort	Vermeh-rungszeit, -art	Stilformen	Bemerkungen
Lagerstroemia Lagerstroemie	IV–VIII	II–III	V–VII	II–III	○	Steckl. VI	alle Formen außer Kaskade	guter Wintersch. oder sogar frostfrei
Ligustrum Rainweide	IV–IX	I–III	IV–X	II–III VIII–IX	◐○	Steckl. VI–VII Steckholz III IX–X	alle Formen	
Liquidambar Amberbaum	V–VII	II–III	V–VIII	I–III	○	Absenker VIII Abmoosen IV–V	alle Formen	nach Mitte Juli nicht mehr so feucht halten
Lonicera Geißblatt Heckenkirsche	IV–IX	X–III	I–XII	II–III	◐○	Saat VIII–IX Steckl. VI–VIII Steckholz XII–III, Abmoosen III–V Ablegen III	alle Formen	
Lycium Bocksdorn	IV–IX	XII–III	I–XII	II–III	◐○	Steckholz XII–IV	alle Formen	sehr anspruchs-los, nicht zu feucht halten
Magnolia Magnolie Tulpenbaum	IV–V	II–III	IV–VII	II–III	◐○	Steckl. VI Absenken VIII–IX	aufrechte Formen	Wurzel frost-empfindlich, beste Art Magnolia stellata
Malus Apfel	VI–VIII	II–III VI–VIII	V–VIII III–V	II–III	○	Saat XI–XIII Veredlung II, VI–VII, Ab-moosen IV–V	alle Formen außer Kaskaden-form	zu starker Fruchtbehang sollte reduziert werden
Myrtus Myrte	III–X	XI–III	I–XII	II–III VIII–IX	○	Steckl. IV–X	alle Formen	frostfrei über-wintern
Nandina Nandine	IV–V	III–IV	IV–V	II–III	○	Steckl. VI	aufrechte Formen	frostfrei über-wintern

Sorte	Zupfen, pinzieren	Starke Äste schneiden	Formen und drahten	Wurzel-schnitt u. umtopfen	Standort	Vermeh-rungszeit, -art	Stilformen	Bemerkungen
Nothofagus Scheinbuche	IV–VII	II–III	IV–VIII	II–III	◐○	Absenken VIII Abmoosen IV–V	alle Formen	im Hoch-sommer besteht in sehr heißen Lagen Gefahr von Sonnen-brand
Olea Olive	V–VII	II–III	III–VIII	II–III VIII–IX	○	Abmoosen V Absenker unter Frostschutz	alle Formen	frostfrei über-wintern
Parrotia Parrotie	V–VII	II–III	V–VIII	II–III	◐○	Absenken IV Abmoosen III–IV Steckl. VI	alle Formen	lichthungrig Winterschutz
Philadelphus, Falscher Jasmin Pfeifenstrauch	IV–VIII	I–III	IV–VII	I–III	○	Steckl. VI Steckholz I–III Anhäufeln II	Gruppen-pflanzungen	Achtung Blattlausbefall
Phillyrea Steinbuche	V–VII	I–IV	IV–VIII	I–III VIII–X	○	Steckl. VIII Abmoosen IV	aufrechte Formen	trocken halten Winterschutz
Photinia Glanzmispel	IV–VIII	I–III	IV–VIII	II–III	○	Steckl. VI	alle Formen	Winterschutz Kalkfeindlich
Phyllostachys, Bambus	III–IX	III–IX	nicht drahten	III–IX	○	Teilen IV–VII	Waldformen	nicht alle Sorten sind frostfest
Pieris Lavendelheide	V–VII	II–III	V–VII	II–III	◑	Steckl. VII–VIII Abmoosen Ableger VII–VIII	alle Formen	schöne Blüte, etwas kalkempfind-lich
Platanus Platane	V–VII	II–III	III–VIII	II–III	○	Steckholz II–III Saat III Abmoosen III–IV	alle Formen	liebt gleich-mäßige Feuch-tigkeit, sehr starkwüchsig

Sorte	Zupfen, pinzieren	Starke Äste schneiden	Formen und drahten	Wurzel-schnitt u. umtopfen	Standort	Vermeh-rungszeit, -art	Stilformen	Bemerkungen
Poncirus Zitrone	IV–IX	III–VIII	III–VIII	XI–III	○	Steckl. VI–VII	aufrechte Formen	Winterschutz
Populus Pappel	V–VIII	I–III	IV–VIII	II–III	○	Saat VI Abmoosen II–IV	alle Formen	brauchbar nur P. Tremula
Potentilla Fingerkraut	IV–VIII	II–III	IV–X	I–III	○	Steckl. VI–VII	alle Formen	
Prunus Kirsche Pflaume Pfirsich Mandel Aprikosen Kirschlorbeer	VI–VIII	I–III	IV–VIII	II–III	○	Saat II–VII IX–XI Steckl. Immergrüne I–II/V–VI VIII–IX Abmoosen IV–VII	alle Formen	
Punica Granatapfel	IV–VIII	I–III	IV–VIII	I–IV	○	Steckl. VI–VII	alle Formen	Winterschutz
Pyracantha Feuerdorn	IV–VIII	XI–III	IV–X	I–III	◐○	Steckl. VI, I–II Saat X–XI	alle Formen	
Quercus Eiche	IV–VII	I–III	IV–VIII	II–III	◐○	Saat III–IV Abmoosen III–IV	alle Formen	Vorsicht! anfällig gegen Mehltau
Rhamnus, Faulbaum, Kreuzd.	IV–VIII	I–III	IV–VIII	I–III	◐	Absenken VI–VII	alle Formen	
Rhododendron Alpenrose Azalee	V–VII	II–III IV–VII	VI–VIII	IV–V I–III	◐	Steckl. VII–IX Ablegen VI–VII	alle Formen	allgemein kalkfeindlich, gilt auch für die Azaleen

Sorte	Zupfen, pinzieren	Starke Äste schneiden	Formen und drahten	Wurzel-schnitt u. umtopfen	Standort	Vermeh-rungszeit, -art	Stilformen	Bemerkungen
Rhus Essigbaum	V–VII	I–III	V–VII	I–III	○	Teilung I–III Wurzel-ausläufer X–III	alle Formen	kalkfreundlich Vorsicht, der Saft von Rh. radicans succedanea vernix toxicodendron verursachen auf auf der Haut Entzündungen u. Schwellun-gen! Handsch.!
Ribes Johannisbeere Stachelbeere	IV–VIII	I–III	III–VIII	I–III X–XI	◐ ○	Steckl. VI Steckholz IX Ablegen IV–VIII	alle Formen	
Robinia	V–VIII	I–III	V–VII	I–III	○	Abmoosen V–VII	alle Formen	trockener lehmiger Sand bevorzugt
Rosa Rose	IV–V	I–III	IV–VII	I–III	○	Steckl.III–IV Steckholz III–IV Veredlung VII–VIII	alle Formen	interessant sind eigentlich nur die Strauch- u. Wildrosen
Rosmarinus Rosmarin	IV–VII	I–III	III–X	I–III	○	Steckl. IV–VI	aufrechte Formen, Bei-pflanzungen	Winterschutz
Salix Weide	IV–VIII	I–III	III–X	I–III	○	Steckl. VI Steckholz Ablegen V–VI	alle Formen	benötigt viel Feuchtigkeit, als Bonsai nur männliche Pflanzen neh-men, wegen der Blüten

Sorte	Zupfen, pinzieren	Starke Äste schneiden	Formen und drahten	Wurzel-schnitt u. umtopfen	Standort	Vermeh-rungszeit, -art	Stilformen	Bemerkungen
Sorbus Eberesche Vogelbeere	V–VII	I–III	III–VIII	I–III	○	Saat X–XI Abmoosen	alle Formen	Sorbus aria kalkliebend
Spiraea Spierstrauch	IV–VIII	I–III	IV–VIII	I–III	○	Steckl. IV–VIII Steckh. II–IV	alle Formen	
Stewartia Scheinkamellie	V–VII	II–III	V–VIII	II–III	○	Steckl. VI Absenker VII Abmoosen VII	aufrechte Formen, besonders Waldformen	sehr kalkfeind-lich bevorzugt humose leicht moorige Erde
Stranvaesia Stranvaesie	V–VII	II–III	III–X	II–III	◑○	Steckl. VI–VII Ablegen III–IV	alle Formen	in kalten Gegenden Schutz vor Sonne und Wind
Styrax Storaxbaum	V–VII	II–III	IV–VII	II–III	○	Ablegen VI	aufrechte Formen	unbedingt Winterschutz
Symphoricar-pus, Schneebeere	IV–VIII	XII–III	III–X	II–III	◑○	Steckl. V–VI Steckh. II–III	Gruppen-pflanzungen	Symph. „Han-cock" leidet leicht unter „Roter Spinne"
Syringa Flieder	V–VII	I–III	V–VII	I–III	◑○	Steckl. IV–V Absenker III–IV Abmoosen II–III	alle Formen	Stecklings-pflanzen können schon im 2.–3. Jahr blühen. Interes-sant sind auch die Zwerg-formen
Tamarix Uferheide Tamariske	V–VII	I–III	V–VII	I–III	○	Steckh. II–III	alle Formen	sehr salzver-träglich
Tilia Linde	V–VII	II–III	III–X	II–III	○	Absenker III–IV Abmoosen III	alle auf-rechten Formen	

Sorte	Zupfen, pinzieren	Starke Äste schneiden	Formen und drahten	Wurzel-schnitt u. umtopfen	Standort	Vermeh-rungszeit, -art	Stilformen	Bemerkungen
Ulmus Ulme, Rüster	IV–VIII	II–III	IV–VIII	II–III	○	Saat VII Steckl. II–IV, VI, Absenker VI, Steckl. aus Wur-zelst. XI, XII	alle Formen	
Viburnum Schneeball	V–VII	II–IV	V–IX	II–III VIII–X	○ ○	Saat IV–V Steckl. VI, VIII–IX Absenker VI	alle Formen	Vorsicht Blattlausbefall
Weigela Weigelie	IV–VIII	I–III	IV–VIII	II–III	○	Steckl. VI	aufrechte und Kaskaden	verträgt sehr starken Rückschnitt
Wistaria Wistarie Glycinie	IV–VII	II–III	IV–VIII	II–III	○	Ableger VIII Abmoosen III–IV	Kaskaden, frei auf-rechte Form	
Zelkowa Jap. Ulme	IV–X	I–III	IV–X	II–III	○	Steckl. VI Saat VIII–X Abmoosen IV–V	alle Formen	verträgt sehr starken Schnitt

Nadelgehölze

Sorte	Zupfen, pinzieren	Starke Äste schneiden	Formen und drahten	Wurzel-schnitt u. umtopfen	Standort	Vermeh-rungszeit, -art	Stilformen	Bemerkungen
Abies Tanne	III–V	III–VIII	I–XII	III–V	◑	Saat IX–V Steckl. VIII Abmoosen III–IV	alle Formen	kräftige Erde
Calocedrus Weihrauch-zeder	IV–VII	V–VIII I–II	I–III	I–III VIII–X	◑ ○	Steckl. VIII, III Abmoosen III–IV	nur auf-rechte Formen, Floßform	liebt Wein-klima
Cedrus Zeder	III–V	I–III VIII–IX	III–X	I–III VIII–IX	○	Steckl. VIII–IX Abmoosen III–IV	alle Formen	liebt Kalk, Cedrus deodara + Cedrus libani im Winter empfindlich gegen rauhe Winde
Cephalotaxus Kopfeibe	V–VIII	I–III VIII–IX	I–XII	I–III VIII–IX	● ◑	Steckl. VIII–IX	nur auf-rechte Formen	kalkliebend, gut feucht halten Winterschutz
Chamaecyparis Scheinzypresse	IV–IX	I–III VIII–X	I–XII	I–III VIII–X	◑ ○	Saat IX–XI Steckl. VIII–IX Ablg. III–V	alle Formen	warmer Standort günstig
Cryptomeria Sicheltanne	V–VIII	I–III VIII–IX	I–XIII	I–III VIII–IX	◑	Steckl. VIII–X	aufrechte Formen	warmer Stand-ort, verfärbt sich im Winter braun bis violett. Sehr empfindlich gegen Trocken-heit, Winter-schutz
Cypressus echte Zypresse	IV–VIII	I–III VIII–X	I–XII	I–III VIII–IX	◑ ○	Abmoosen III	aufrechte Formen	verträgt heißesten Stand-ort, unbedingt frostfrei über-wintern

Sorte	Zupfen, pinzieren	Starke Äste schneiden	Formen und drahten	Wurzel-schnitt u. umtopfen	Standort	Vermeh-rungszeit, -art	Stilformen	Bemerkungen
Ginkgo Mädchenhaar-baum	V–VII	I–III	V–VIII	I–III	○	Saat VIII, IV Steckl. VI Ablegen, Absenken III–IV	aufrechte Formen	Als Bonsai frostempfind-lich in der Wurzel
Juniperus Wacholder	IV–X	I–XII	I–XII	I–III IX–X	◑○	Saat III Steckl. III–V VIII–XII Ablegen, Abmoosen V–VI	alle Formen	sehr licht-hungrig. Vorsicht mit „Roter Spinne"
Larix Lärche	IV–VII	I–III	I–XII	I–II– IX–X	○	Saat III–IV Abmoosen VI–VII	alle Formen	liebt Lehm-boden, empfind-lich gegen Trockenheit
Metasequoia Urwelt-mammutbaum	V–VIII	XII–III	IV–XIII	I–III IX–XI	○	Steckl. VII–VIII	aufrechte Formen	alle 2 Jahre umtopfen. Vorsicht sehr weiche Rinde
Picea Fichte	IV–VII	I–XII	VII–IX	I–III IX–XI	○	Saat IV Steckl. VI–VIII, III–IV Abmoosen IV–VI	alle Formen	Alle Fichten lieben hohe Luftfeuchtigkeit
Pinus parviflora Mädchenkiefer	V–VI	VIII–XII	VIII–II	I–III VIII–XI	○	Saat III–IV Abmoosen II–III Steckl. möglich, jedoch nur ca. 10% Wachser	alle Formen	etwas empfindlich gegen Nässe

Sorte	Zupfen, pinzieren	Starke Äste schneiden	Formen und drahten	Wurzel-schnitt u. umtopfen	Standort	Vermeh-rungszeit, -art	Stilformen	Bemerkungen
Pinus nigra Pinus thunbergii Schwarzkiefer	VI–VII	VIII–II	VIII–II	I–III VIII–XI	○	Saat III–IV Abmoosen II–III	alle Formen	zu lange Nadeln können im Winter einge-kürzt werden
Podocarpus Steineibe	V–VII	VIII–XII	I–XII	I–III VIII–X	◑○	Steckl. VII	alle Formen	nicht winterfest
Pseudolarix Goldlärche	IV–VII	I–III	I–XII	I–III VIII–IX	○	Saat III Abmoosen III–IV	alle Formen	kalkempfindlich
Sequoia-dendron Mammutbaum	V–VII	I–XII	I–XII	I–III VIII–IX	◑	Saat III–IV	aufrechte Formen	jüngere Pflanzen benötigen Winterschutz
Taxodium Sumpfzypresse	V–VII	I–III	I–XII	I–III	○	Saat III–IV Abmoosen V–VII	aufrechte Formen	verträgt gut Feuchtigkeit
Taxus Eibe	IV–VIII	I–XII	I–XII	I–III VIII–X	● ◑	Saat X–XI Steckl. VII–VIII Abmoosen II–III	alle Formen	verträgt sehr starken Schnitt, benötigt sehr kalkhaltigen Boden
Thuja Lebensbaum	IV–VIII	I–XII	I–XII	I–III VIII–X	○	Saat X–XI Steckl. II–IV VIII–IX Abmoosen II–III VII–VIII	alle Formen	läßt sich sehr gut formen
Thujopsis Hibalebens-Baum	IV–VIII	I–XII	I–XII	I–III VIII–X	◑	Steckl. II–IV VIII–IX	alle Formen	liebt kühlen, feuchten Standort

17 Was ist zu tun, wenn...?

Erscheinungsbild	Mögliche Ursachen	Mögliche Gegenmaßnahmen
Die Blätter werden gelb	Eisenmangel durch Festlegung von Eisen im Boden durch zu hohen Kalkgehalt oder durch Auswaschung	Frische Erde durch Umtopfen. Zufuhr von Eisen und Spurennährstoffen in Form von Fetrilon oder Radigen
Die Blätter sind nur an den Rändern und Spitzen braun	1. Durch Übersprühen in der Mittagssonne kommt es an den Blatträndern, an denen sich die Wassertropfen sammeln zu Verbrennungen 2. Durch häufiges Übersprühen mit sehr kalkhaltigem Wasser, kommt es an den Blatträndern zu starken Ablagerungen, die zum Absterben führen. 3. Durch sehr starke, anhaltende Winde, werden die Blätterspitzen ausgepeitscht und verdorren.	1. Nur während der frühen Morgenstunden oder gegen Abend sprühen. 2. Weniger sprühen oder mit weichem Wasser 3. Windgeschützten Standort wählen Eventuell alle geschädigten Blätter ca. im Juni entfernen. Bei starker Schädigung sogar Vollentlaubung
Die Blätter welken und verdorren am Zweig	Durch Ballentrockenheit oder zu große Nässe sind die feinen Wurzeln abgestorben	Bei Ballentrockenheit langsam anwässern und erst, wenn sich die Blätter und weichen Triebe wieder aufgerichtet haben, volle Wassergabe. Sind zuviele Wurzeln geschädigt, alte Erde und abgestorbene Wurzeln entfernen und in neue Erde einsetzen
Die Blätter werden runzlig und verformen sich	1. Zu kaltes Wasser beim Übersprühen der Blätter während der heißen Tageszeit 2. starker Wind nach diesigen Tagen oder nach Regenzeiten 3. Blattläuse auf der Unterseite der Blätter	1. Mit abgestandenem Wasser gießen 2. Windgeschützten Standort wählen 3. Bei Befall spritzen mit handelsüblichen Präparaten (Unden, Metasystox). Nicht überdosieren, sondern eher leicht unter der angegebenen Konzentration bleiben. Zeitpunkt entweder früh morgens oder besser noch gegen Abend.

Was ist zu tun, wenn...?

Erscheinungsbild	Mögliche Ursachen	Mögliche Gegenmaßnahmen
Die Blätter sind verbrannt	1. Sonnenbrand durch zu starke Sonneneinstrahlung (vor allem bei allen jap. Ahornarten) 2. Kann auch vorkommen bei plötzlichem Standortwechsel vom Schatten in die Sonne.	1. Verbrannte Blätter entfernen und halbschattigen Standort wählen 2. Langsam an neuen Standort gewöhnen
Die Blätter werden stumpf und sind mit einem hauchdünnen Gespinst überzogen. Späteres Absterben von Blättern und Zweigen	Spinnmilben oder Rote Spinne Zu erkennen unter der Lupe oder durch Abklopfen eines befallenen Zweiges über einem weißen Blatt. Die Schädlinge sehen aus wie Currypulver oder wie rote Staubkörner.	Sofort von anderen Pflanzen isolieren. Im Mai–Juni im Abstand von ca. 12 Tagen spritzen mit PD 5, Unden oder ähnlichen handelsüblichen Mitteln. Winterspritzung mit Folidol.
Die Blätter sind angefressen, nur die Blattrippen stehen noch	Raupenfraß	Anwendung von Insektiziden wie Ultracid 40, Perfectan-Fluid, Verindal Ultra oder ähnliche
Die Blätter sind angefressen und glitzern	Schneckenfraß	Entweder absammeln oder etwas Schneckenkorn streuen
Die Blätter sind mit einem weißen Belag überzogen	Mehltau	Mehltaumittel spritzen (Saprol)
Die Blätter bekommen runde schwarze Flecken und sterben ab	Tintenfleckenkrankheit (bei Acer) Schorf (bei Malus)	mit Kupfer- bzw. Captanpräparaten spritzen
Die Blätter bleiben im Herbst grün und zeigen keine Herbstfärbung	zu warmer Standort zu späte Düngung zu später Schnitt Nahrungsmangel	Die Pflanze langsam in die Winterruhe bringen durch Herabsetzung der Wassergaben und kühleren Standort. Vorsicht bei Frühfrösten im Herbst, da die Pflanze noch nicht voll ausgereift ist. Eventuell im Februar umtopfen mit Wurzelschnitt. Sonniger Standort.
Frische Triebe und Blätter werden kurz nach dem Austrieb schwarz und sterben ab	Staunässe und Sauerstoffmangel an den Wurzeln durch zu festen Boden. Kann auch auf Überdüngung hinweisen	Sofort Erde und Wurzelwerk kontrollieren. Eventuell frische Erde, und geschädigte Wurzeln zurückschneiden. Bei Überdüngung sofort alte Erde entfernen, geschädigte Wurzeln zurückschneiden und die Pflanze frisch eintopfen.

Was ist zu tun, wenn...?

Erscheinungsbild	Mögliche Ursachen	Mögliche Gegenmaßnahmen
Die Pflanze wächst allgemein sehr schwach	Die Erde ist verbraucht Die Pflanze wird entweder zu trocken oder zu naß gehalten	Umtopfen zu gegebener Zeit. Entsprechend gießen
Ein Ast stirbt ohne ersichtlichen äußeren Grund plötzlich ab.	Wurzelschäden	Wurzelballen kontrollieren. Abgestorbenen Ast, wenn nötig, für die Gestaltung als „Jin." präparieren
Stamm, Äste und Zweige werden mit weißen, pustelartigen Gebilden überzogen	Wolläuse	Spritzen mit Unden oder ähnlichen Mitteln, bei geringerem Befall einpinseln mit Salatöl, Nikotinlösung oder Lösung aus Schmierseife
Auf der Erde liegt sägemehlartiger Auswurf	Larve des Pappelbock's im Mark der Pflanzen	Versuchen, mechanisch zu entfernen, oder aber den Gang mit Ultracid oder ähnlichem auszuspritzen
Die Nadeln bei Pinus werden gelb	a) besonders bei Pinus pentaphylla – Mädchenkiefer – oftmals zuviel Wasser b) Nährstoffmangel c) Bei sehr kalkhaltigem Wasser durch häufiges Übersprühen schädliche Ablagerungen auf den Nadeln	Sparsam gießen und sandige, durchlässige Erde verwenden Gleichmäßige Düngung Weniger übersprühen oder weiches Wasser verwenden
Die Nadeln bekommen eine stumpfe Farbe	Rote Spinne	Siehe oben
Nadeln werden rötlich-braun und sterben ab	Kiefernschütte	Befallene Pflanzen verbrennen. Nur vorbeugende Maßnahmen möglich. Juli und August mehrmals mit Kupfer-Zink- oder Manebpräparaten spritzen
Die Nadeln innerhalb der Pflanze werden im Herbst plötzlich braun und sterben ab. Zweigspitzen bleiben aber grün	Normaler Vorgang. Die alte Nadel wird abgestoßen	Vorsichtig auskämmen und abgefallene Nadeln von der Erdoberfläche entfernen
Die Nadeln sind zu lang und zu dünn	Überwässerung und zu frühe Düngung im Frühjahr. Eventuell auch zu dunkler Standort	Zu Beginn der Vegetationszeit die Feuchtigkeit etwas herabsetzen und nicht düngen bis der Trieb etwa halb herausgewachsen ist und möglichst hell stellen

18 Das Sortiment an Bonsai-Schalen

Das Sortiment an Bonsai-Schalen
aus Ton und Keramik mit verschiedenen
erlesenen Glasuren und in allen Formen und
Größen ermöglichen es, für jeden Baum
eine spezielle Schale zu finden.

19 Werkzeuge und Zubehör

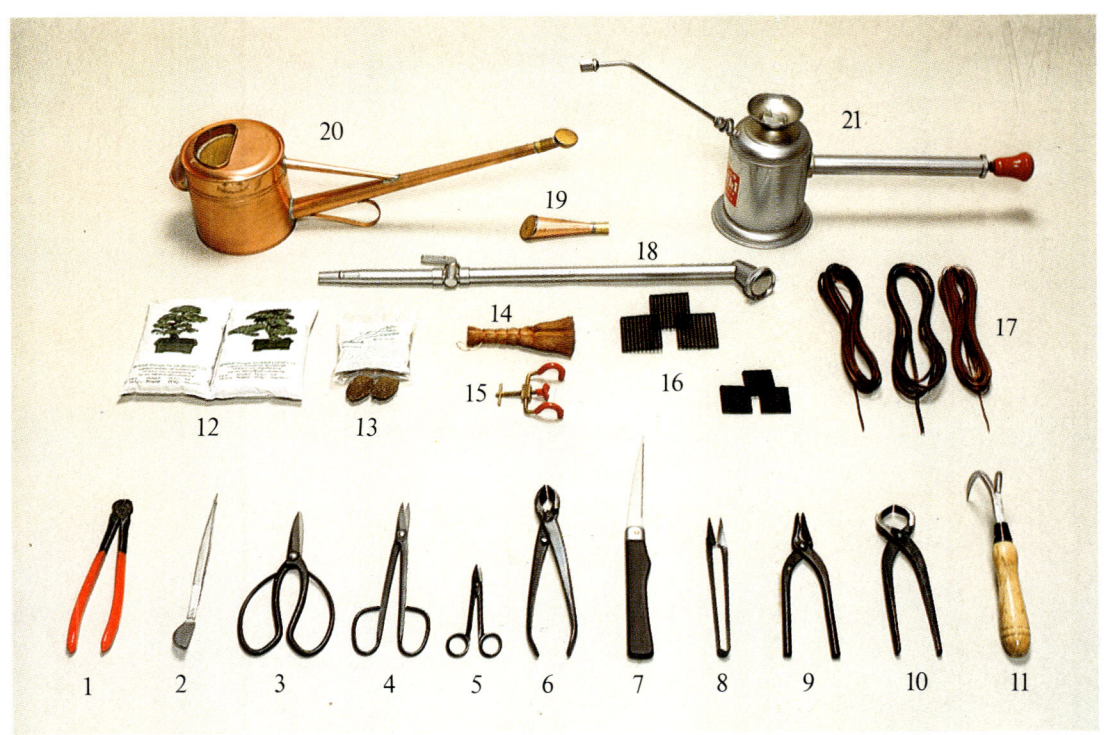

1 Drahtzange
2 Schaufelpinzette
3 Schere zum Schneiden starker Äste
4 Schere zum Schneiden feiner Triebe
5 Schere zum Schneiden dünner Drähte
   oder feiner Triebe
6 Konkavzange
7 Säge
8 Blattschneider
9 Biegezange
10 Wurzelzange
11 Kralle

12 granulierter Dünger für Laub-
   oder Nadelgehölze
13 Kugeldünger
14 Besen
15 Schraubzwinge
16 Plastiknetze
17 Draht
18 Schlauchbrause
19 Haarbrause
20 Bonsai-Gießkanne
21 Sprühgerät zum Übersprühen mit Wasser
   und Spritzmitteln

20 Bonsai-Fachhandel

Blumen Boutique 46
Mehringdamm 46
1000 Berlin 61

Bonsai-Studio Edling
Kurfürstendamm 135, Tel. 0 30/8 92 98 25
1000 Berlin 31

Bonsai-Centrum
J. Edling
Budapester Str. 2, Tel. 2 60 20, App. 12 48
1000 Berlin 30

Japanstudio Miyako
Colonnaden 72
2000 Hamburg 36

Blumen Fox
Domsheide 14
2800 Bremen 1

Bonsai-Centrum Bad Zwischenahn
Peterstr. 32, Tel. 0 44 03/40 01
2903 Bad Zwischenahn

Bonsai-Studio
Adelgisa König
Gartenstr. 1, Tel. 0 56 01/10 20
3501 Schauenburg-Hoof

Garten-Zentrale Hoemann
Alter Knipprather Weg 1
4018 Langenfeld

Bonsai-Studio
Wolfgang Dethmers
Tel. 0 28 41/2 28 55
Hülsdonkerstr. 57
4130 Moers

garten center dieflora
Bützgenweg 2
An der B 224, Ruf (02 01) 4 09 11
4300 Essen-Heidhausen

Blumen Newels GmbH
Bogenstr. 1
4400 Münster

Pflanzengarten Sandfort
Gerd Meyer
Am Gut Sandfort
4500 Osnabrück

Blumen Axthelm
Münsterstr. 186–188
4600 Dortmund 1

Garten-Center Thiele
Castroper Str. 270, Tel. 02 34/5 98 38
4630 Bochum 1

Garten-Center Kehl
Westernstr. 23
4790 Paderborn

Garten-Center
Hermann Pieper
Forstweg 66
4904 Enger

Garten-Center Köln
Goldammerweg 361
5000 Köln 30

Blumen-Hecker
St. Tönnisstr. 45
5000 Köln 71

Bonsai-Schule
Schneider
Postfach 1152, Tel. 0 22 07/24 27
5068 Odenthal-Scheuren

Blumen Giesen
Trierer Str. 791
5100 Aachen

Ahrens & Sieberz, Großversandgärtnerei
5201 Seligenthal/Siegb.

Knaubers Hobby-Markt
Endenicher Str. 138
5300 Bonn 1

Garten-Center Mayen
Auf der Eich
5440 Mayen

Peter Assmann
Herrengarten 1
5900 Siegen

Bonsai-Zentrum Frankfurt
Sandweg 6, Tel. 06 11/43 24 01
6000 Frankfurt/M.

Bonsai-Centrum Schwalbach
Günter Sacher
Höhenstr. 17a
6231 Schwalbach/Ts.

Bonsai-Studio
Petersberg
Inh. Elmar Heil
Rabanus-Maurus-Straße 16
Telefon 06 61/6 27 79
6415 Petersberg 1

Hüttner-Küppers
Baumschule-Gartencenter
Landstr. 17
6450 Hanau

Blumenhaus Hochhäuser J. Marholz
Große Langgasse 6
6500 Mainz

Bonsai-Centrum Heidelberg
Mannheimer Str. 401, Tel. 062 21/8 20 19
6900 Heidelberg

Bonsai-Studio
Inh. Siegfried Behrens
Gerhart-Hauptmann-Str. 19
Tel. (07 11) 57 33 76
7012 Fellbach

Bonsai-Galerie Weinstadt
Gisela + Peter Helf
7056 Weinstadt-Großheppach

Bonsai-Zentrum Heilbronn
Pflanzen Mauk
Landturm 7
7128 Lauffen/N.

Bonsai-Studio Wentink
Rosensteigweg 7
7140 Ludwigsburg-Poppenweiler

Weidlich
Prof.-Dieringer-Str. 7
7451 Rangendingen

Pflanzenparadies Erhardt
Freiburger Str. 4
7530 Pforzheim

Bonsai-Renner
Im Winkel 4
7701 Volkertshausen

Alphaflor
Salzstr. 1
7800 Freiburg

Blumenfachgeschäft-
Gartenbaubetrieb
Rolf Kost
Blumenstr. 34
7800 Freiburg/St. Georgen

Bonsai-Centrum München
Toni-Pfülf-Str. 14
Tel. 089/15 02 47
8000 München 50

Garten-Center Seebauer
Ottobrunner Str. 61
8000 München 82

Garten-Center Würstle
Dachauer Str. 65
8080 Fürstenfeldbruck

Blumen J. Bierhals oHG
Im Rathaus
8450 Amberg

Walter Radloff
Schnieglingerstr. 54
8500 Nürnberg

Garten-Center Feustel
Königsallee
8580 Bayreuth

Heinz-Peter Becker
Heimatring 56
8630 Coburg

Bonsai-Gärtnerei
Peter Gerl
Kirchschönbach 22
8711 Prichsenstadt

Frohsinn-Groha
Frohsinnstr. 9
8750 Aschaffenburg

Garten-Center, Samen Dehner
8852 Rain am Lech

Dieter Dumler
Ringweg 7
8950 Kaufbeuren

Bellaflora Garten-Center
Zaunmüllerstr. 1
A 4020 Linz

Bonsai-Centrum Hermann Zulauf AG
CH 5107 Schinznach-Dorf/Schweiz

21 Internationale Bonsai-Clubs

Bonsai-Club
Verein europäischer
Miniaturbaumfreunde e.V.
Postfach,
6900 Heidelberg 1
Redaktion: Wolfgang Zimmer,
Weiherstr. 9, 6908 Wiesloch

Verein deutscher Bonsai-Freunde e.V.
Postfach 14 02
3000 Hannover 1

Vlaamse Bonsai Vereinigung v.z.w.
p.a. Eikstraat 60
B-9300 Aalst

Schweizer Bonsai Liebhaberclub
Heidenhofstr. 12
CH 6003 Luzern

Schweizer Bonsai-Club
Postfach
CH 5107 Schinznach-Dorf/Schweiz

Associazione Italiana Bonsai
Via C. Bruno, 2
I 50136 Firenze Italy

Nederlandse Bonsai-Verein
Piet Moeskopstraat 7
NL-2307 Am Gouda

22 Sachregister

Ableger	50	Halbcascade	24, 110	Rote Spinne	162, 163	„Zerrissener Stamm" Form	29
Ablaktieren	61	Han-kengai	24, 110			Zimmerbonsai	134
Abmoosen	53	Hauptbaum	117	Sabamiki	29, 104	Zubehör	165
Abschälen der Äste	108	Hin- und herwindende		Saikei	42, 132		
Absenker	51	Wurzel-Form	41, 114	Sammeln von Pflanzen	46		
Anhäufeln	49	Hokidashi	28	Schildkrötenpanzer-Form	39		
Aussaat	62			Schneckenfraß	162		
		Ikadabuki	40, 111	Schorf	162		
Bankan	27	Immergrüne Gehölze	16	Sekijoju	33, 123		
Befestigungen auf Stein	130	Indoorbonsai	134	Shakan	23		
Besenform	28	Ishi-tsuki	34, 129	Sharimiki	30		
Blattläuse	161			Sokan	37		
Blattschnitt	80, 87	Jahreszeitliche Pflanzung	43	Sonnenbrand	162		
Bonsai-Begriff	9			Spinnmilben	162		
Bonsai-Schalen	78, 164	Kabubuki	38	Spurennährstoffe	137		
Bunjingi	26	Kabudachi	38	Staffelung der Pflanzen	117		
		Kalium	136	Staunässe	162		
Cascade	25, 110	Kalkgehalt	161	Steckholz	60		
Chok-kan	21, 103	Kengai	25	Stecklinge	55		
Clubs, Internationale	167	Kiefernschütte	163	Stecklingsmaterial	57		
		Korabuki	39	Stecklingssubstrat	59		
Dokumentation	144			Stelzwurzelform	32		
Doppelstamm	37	Landschaftspflanzung	42, 132	Stickstoff	136		
Drahten-Alternativen	98	Laubabwerfende Gehölze	16	Stilformen	20		
Drahten-Arbeitsvorgang	94	Literatenform	26	Streng aufrechte Form	21		
Drahten-Dauer	97						
Drahten-Zeitpunkt	97	Magnesium	137	Tintenflecken-Krankheit	162		
Drahten-Zweck	92	Magnesiummangel	137	Topfvorgang	70		
Drainageschicht	74	Mehltau	162	Treibholzform	30, 108		
		Mehrfachstamm	38				
Eintopfen	66	Moyogi	22, 104	Überdüngung	162		
Eisenmangel	161			Überwinterung	139		
Erd-Aufschwemmung	73	Nadelholzstecklinge	59	Umtopfen	71		
Erd-Mischungen	68	Nährstoffmangel	162	Umtopfen-Zeitpunkt	72		
Erd-Struktur	73	Neagari	32				
Erhaltungsschnitt	80, 84	Netsuranari	41, 104	Veredlung	60		
				Versalzung	138		
Fachhandel	166	Organische Dünger	138	Volldünger	136		
Felsenpflanzung	34, 129			Vollentlaubung	161		
Fetrilon	161	Pflegetabellen, Laubg.	146				
Floßform	40, 111			Waldform	42, 115		
Formschnitt	80, 83	Pflegetabellen, Laubgehölze	146	Werkzeuge	165		
Frei aufrechte Form	22	Pflegetabellen, Nadelgehölze	158	Windgepeitschte Form	31, 113		
Fukinagashi	31, 113	Phosphorsäure	137	Wurzelschäden	163		
		Plazierung in der Schale	79	Wurzelschnitt	80, 88		
Gespaltener Stamm	29	Präsentation	142	„Wurzel über Stein"-Form	33, 123		
Gewundene Form	27			Wolläuse	163		
Grundmischung Erde	74	Rachigen	162				
Grundschnitt	80	Raupenfraß	162	Yose-ue	42, 115		